| 新时代课堂变革与创新丛书 |

走进可视化课堂

**ZOUJIN
KESHIHUA
KETANG**

谢幼如　等 /编著

XINSHIDAI
KETANG
BIANGE YU
CHUANGXIN
CONGSHU

北京师范大学出版集团
BEIJING NORMAL UNIVERSITY PUBLISHING GROUP
北京师范大学出版社

图书在版编目(CIP)数据

走进可视化课堂 / 谢幼如等编著. —北京：北京师范大学出版社，2024.5
（新时代课堂变革与创新丛书）
ISBN 978-7-303-29642-2

Ⅰ. ①走… Ⅱ. ①谢… Ⅲ. ①课堂教学－教学研究－中小学 Ⅳ. ①G632.421

中国国家版本馆 CIP 数据核字（2023）第 237320 号

图书意见反馈：gaozhifk@bnupg.com 010-58805079
营销中心电话：010-58802755 58800035
北师大出版社教师教育分社微信公众号 京师教师教育

出版发行：北京师范大学出版社 www.bnupg.com
　　　　　北京市西城区新街口外大街 12-3 号
　　　　　邮政编码：100088
印　　刷：保定市中画美凯印刷有限公司
经　　销：全国新华书店
开　　本：787 mm×1092 mm　1/16
印　　张：14.75
字　　数：245 千字
版　　次：2024 年 5 月第 1 版
印　　次：2024 年 5 月第 1 次印刷
定　　价：49.00 元

策划编辑：郭　翔　　　　　责任编辑：朱前前
美术编辑：焦　丽　　　　　装帧设计：焦　丽
责任校对：郑淑莉　　　　　责任印制：马　洁

编委会

前　言

高质量课堂是教育高质量发展的关键。当前，随着新一轮科技革命和产业变革的加速演进，利用智能技术赋能课堂教学数字化转型，全面落实"双新""双减"政策，切实提高课堂教学质量，已经成为基础教育高质量发展的重要驱动力和前置性工程。

可视化课堂是指以可视化教学理念为指导，基于人的大脑思维方式，在智能技术的支持下，对教学目标、内容、活动、评价等方面进行可视化呈现与分析，持续拓展学生具身认知，有效提升学习效能的新型课堂。可视化课堂注重以学生为中心，强调利用先进的智能技术和数字设备构建教学环境，关注师生、生生、人机之间的互动，依据新课程标准，对标学科核心素养，创新教学目标、教学策略、流程结构、教学评价等设计，进而实现学习过程可见、思维流程简化与认知结构重组，全面助推课堂教学的高质量发展。

近年来，本研究团队面向"双新""双减"纵深突破的教育现实和智能时代数字化转型的国家战略，深入课堂前沿阵地，充分融合赋能思维，开展可视化课堂的理论研究与创新实践。本团队对标新时代数字化创新型人才培养需求，重塑课堂教学各要素及其之间关系，明晰人工智能赋能课堂减负增效的抓手和关键，探析人工智能赋能课堂变革的机理和样态；揭示可视化课堂的内涵特征，明确可视化课堂的类型与表征，探索可视化课堂的构建理论；形成可视化课堂的教学设计方法，总结可视化课堂的典型教学模式，并打造出一系列紧贴一线教学的创新实践案例。

本书内容共五章。第一章面向智能时代课堂减负增效的新诉求，厘清了"双减"与课堂减负增效的内在联系，明晰了人工智能赋能课堂减负增效的抓手和关键，揭示了人工智能赋能课堂变革的机理，提出了人工智能赋能课堂变革的新样态；第二章明晰了可视化课堂的内涵特征，探析了可视化课堂的重要意义；第三章明确了课堂可视化的不同类型与具体表征，提供了多种支持工具与一线教学案例，并分析了智能教育 App 的价值定位、核心功能与其在可视化课堂中的教学应用；第四章阐述了可视化课堂的构建理论，提出了可视化课堂的教学设计方法，选取了来自一线教学的丰富真实案例；第五章构建了可视化课堂的典型教学模式，并详细介绍了各种教学模式的内涵、设计与应用，以期为广大教师开展可视化课堂教学实践提供理论参考与实践借鉴。

本书的案例来自本研究团队多年来的研究与实践。近年来，本研究团队依托教育部政策法规司课题"信息化背景下未来教育研究"和2022年国家社会科学基金教育学重点课题"智能技术赋能教育评价改革研究"，并以广州市创建全国智慧教育示范区、佛山市南海区创建国家级信息化教学实验区为契机，开展理论探究与实践创新，发表了一系列学术论文，如《"双减"背景下课堂教学数字化转型的理论探索与演进路径》，"Action Research on Scientific Inquiry Activity Empowered by Virtual Simulation in Elementary School"，"A Study of Strategies for Data Visualization to Promote Effective Learning for Primary School Students"，"Intelligent Technology Empowering the Design and Implementation of Primary School English Project-based Learning"等，形成了一大批可视化课堂教学案例与研究成果，并在全国中小学发挥积极的示范辐射作用。

本书由华南师范大学谢幼如教授主持撰写，华南师范大学博士研究生邱艺、华南师范大学硕士研究生罗文婧、东莞市南城第一初级中学白雨澄、广东第二师范学院刘亚纯、华南师范大学硕士研究生章锐、澳门培正中学吴嘉瑶、华南师范大学硕士研究生杨苗苗、华南师范大学硕士研究生夏婉、武汉市武昌区柴林小学李世杰、华南农业大学倪妙珊等负责部分章节的编写工作。在此表示诚挚的谢意！

由于教育数字化发展迅猛，可视化课堂的理论与实践还有待进一步探索完善，难免有不足之处，希望广大读者予以批评指正。

作者
2023 年 6 月

目 录

第一章
人工智能赋能课堂变革

→ **内容结构**

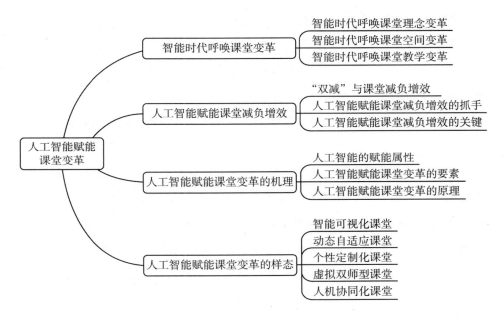

人工智能是影响社会发展、引领未来变革的战略性技术，正深刻改变着人们的生产和生活，推动人类社会迎来人机协同、跨界融合、共创分享的智能时代。[①] 人工智能是指由人类所制造的智能，也就是机器的智能，其研究任务是理解自然智能奥秘，创制人工智能机器，增强人类智力能力。[②] 当下，培养德、智、体、美、劳全面发展的社会主义建设者和接班人的教育使命，仍需通过课堂这一主战场、主渠道落实落细。同时，进一步减轻义务教育阶段学生作业负担和校外培训负担向纵深突破的现实要求和智能时代数字化转型的迫切需要，也为课堂的系统性变革提出了更高的要求。利用人工智能技术赋能课堂变革，

---

① 雷朝滋. 智能技术支撑教学改革与教育创新[J]. 中小学数字化教学，2021(01).
② 钟义信. 人工智能：概念·方法·机遇[J]. 科学通报，2017，62(22).

首先需要明晰"人工智能赋能课堂变革什么？人工智能何以赋能课堂变革？人工智能如何赋能课堂变革？"三个问题①，并在"双减"的要求下发挥"新课标"②的育人属性和功能价值，充分融合赋能思维，激活课堂自身的变革内驱力，重塑课堂教学各要素及其之间的关系，重新思考人工智能赋能课堂教学的原理与方法，从而培养德、智、体、美、劳全面发展、符合未来社会需求的新时代创新人才。

第一节 智能时代呼唤课堂变革

课堂是教育的主战场，是育人的主渠道，一端连接着学生，另一端连接着教师。透视课堂这一概念的发展历程可以发现，目前对课堂的认识主要涵盖教室、教与学活动和学习型共同体三个递进的层次。③ 无论概念如何改变，无论时代如何变迁，课堂所承载的文德教化、教书育人、培养人才的重要使命都不会改变。培养什么人是教育的首要问题，课堂就是解决这一首要问题的主要场所，传承知识、潜移价值、立德树人、塑造生命是课堂的主要功能，随着社会的发展和时代的变迁，课堂的功能也在不断地调整和丰富。可以发现，课堂具有举足轻重的战略使命，同时在教育系统中具有不可替代的功能作用，变革课堂就是变革教育，变革课堂就是变革未来，只有啃下课堂教学这一"硬骨头"，才能将人才培养的目的最终落到学生身上，从而真正实现立德树人育英才。

一、 智能时代呼唤课堂理念变革

当下，世界处于百年未有之大变局中。第四次工业革命方兴未艾，人工智能、大数据等加速发展所带来的不确定性，对人类生产和生活方式带来深度改变，并在教育领域产生深远影响。④ 党的二十大报告开启了高质量发展的新

---

① 谢幼如，邱艺，刘亚纯. 人工智能赋能课堂变革的探究[J]. 中国电化教育，2021(09).
② 这里的新课标，指中华人民共和国教育部于 2022 年 4 月 21 日发布的《义务教育课程方案和课程标准（2022 年版）》。
③ 王鉴. 课堂研究概论[M]. 北京：人民教育出版社，2007：59.
④ 谢幼如，黎佳. 智能时代基于深度学习的课堂教学设计[J]. 电化教育研究，2020(05).

征程①，人工智能等新兴技术所带来的深度学习、跨界融合、人机协同、群智开放、自主操控等新特征②为各行各业的变革提供了支持，科技赋能提升、创新驱动引领已成为未来社会发展的主要趋势。现有研究认为赋能的关键在于通过激发个体内在潜能，使其具备较高的自我效能感，从而实现自我驱动和自我创新③；赋能思维的内核在于从满足到创造再到引领，从而实现从内至外自我驱动的系统性变革与结构性创新。课堂理念对课堂教学具有战略性、纲领性、引领性的作用，是教学活动的行动纲领与实施指南。智能时代社会对人才的需求迫切呼唤变革原有课堂理念，这亟待融合赋能思维，重新审视构成课堂的要素及其之间关系，重构原有课堂空间，重建原有课堂样态，培养适应未来社会的创新人才。

二、 智能时代呼唤课堂空间变革

课堂空间是师生交互和教学活动实施的主要场所，也是教师引导学生进行知识、情感、价值观交流的精神文化空间。④ 全方位虚实融合交互、全层次教学服务定制、全流程数据驱动评价是智能时代课堂空间的主要特征。人工智能、大数据、物联网、区块链和边缘计算等新兴智能技术为拓展课堂空间边界、弥合课堂空间交互和具现课堂空间孪生提供技术支持。现有研究大多将网络学习空间作为联通物理课堂空间和虚拟课堂空间的桥梁，并将其作为课堂物联设备控制中心、课堂数据聚合汇集中台和课堂支持服务供给平台。如浙江大学以"三通一核"学习空间模型支持构建"网上浙大"新式办学空间⑤；杭州市长寿桥岳帅

---

① 习近平. 高举中国特色社会主义伟大旗帜 为全面建设社会主义现代化国家而团结奋斗——在中国共产党第二十次全国代表大会上的报告［M］. 北京：人民出版社，2022.

② 国务院. 国务院关于印发新一代人工智能发展规划的通知［EB/OL］. http://www.gov.cn/zhengce/content/2017-07/20/content _ 5211996.htm，（2017-07-20）［2022-10-20］.

③ 张翠娟，柯平，姚伟. 后知识服务时代的知识管理：从数字赋能到知识赋能［J］. 情报理论与实践，2020，43(09).

④ 焦炜，徐继存. 课堂空间：本质与重建［J］. 当代教育科学，2012(19).

⑤ 张紫徽，杨玉辉，张宇燕，陈文智. 学在浙大：创建一个交互式在线教育空间［J］. 中国教育网络，2020(01).

小学依托 5G＋AI 构建个性定制的全景化智能课堂空间①；Mokhtar，T. H. 等人构建出基于互联网、物联网和教育机器人等支持的智能课堂 ICE 概念模型②；Ntagianta，A. 等人以提高学生注意力为切入点构建基于 Web 的智能课堂空间 CognitOS③；Tissenbaum 等人设计开发出支持学生小组合作探究的智能课堂空间基础结构并持续四年深入研究。④ 纵观现有研究发现，课堂空间作为教学活动主要场所的角色属性已成为广泛共识，依托智能技术变革的课堂空间已成为未来教育信息化发展的重要领域。

三、 智能时代呼唤课堂教学变革

面向智能时代的课堂应以深度学习理论为指导，对标学生发展核心素养，融合赋能思维，以"大单元—任务群—问题链"为主线⑤，依托人工智能教学环境实现人机协同、数据驱动、动态适应、个性定制的规模化因材施教。落实立德树人根本任务，基于深度学习理论指导，对标核心素养发展提升，用教学方式的优化呼应信息技术的进化，创新智能技术课堂应用，赋能变革课堂教学流程，全面重塑课堂教学样态是智能时代课堂变革的导向。胡国良等人依托 5G＋AI 技术设计出开放大学智慧学习空间构建模型⑥；李小平等人提出了

---

① 浙江在线. 杭州首个"5G＋AI"全覆盖校园来了 今年 9 月正式投入使用[EB/OL]. http://edu. zjol. com. cn/jyjsb/zxx/201906/t20190620 _ 10380612. shtml，（2019-06-20）［2022-10-20］.

② Mokhtar，T. H.，Oteafy，A.，Taha，AE.，Nasser，N.，Mansour S. E. 2018. ICE：An Intelligent Classroom Environment to Enhance Education in Higher Educational Institutions. In：Stephanidis C.（eds）HCI International 2018—Posters' Extended Abstracts. HCI 2018. Communications in Computer and Information Science，vol 852. Springer，Cham.

③ Ntagianta A.，Korozi M.，Leonidis A.，Antona M.，Stephanidis C. 2018. CognitOS：A Student-Centric Working Environment for an Attention-Aware Intelligent Classroom. In：Stephanidis C.（eds）HCI International 2018—Posters' Extended Abstracts. HCI 2018. Communications in Computer and Information Science，vol 852. Springer，Cham.

④ Tissenbaum，M.，Slotta，J. D. 2019. Developing a Smart Classroom Infrastructure to Support Real-time Student Collaboration and Inquiry：a 4-year Design Study. Instr Sci 47，423-462.

⑤ 谢幼如，黎佳. 智能时代基于深度学习的课堂教学设计［J］. 电化教育研究，2020(05).

⑥ 胡国良，黄美初. "5G＋AI"视域下智慧学习空间的构建研究——基于开放大学的实践探索［J］. 远程教育杂志，2020，38(03).

依托知识图谱驱动的 VR 教学资源智能建构方法①；白雨澄等人提出了数据可视化促进小学生有效学习的策略框架并进行了实践验证②；陈坤等人依托区块链技术构建思政课翻转课堂实施路径③；王健等人将面向学科核心素养构建的知识图谱与人工智能技术相结合开展精准教学实践④；R. Zhang 等人基于 MOOC（慕课）构建了成果导向的"理论—实训—实践"教师教育模式⑤；武法提等人基于场景化学习样态，构建出多源数据融合的共享教育数据模型⑥；张琪等人面向多模态数据支持提出学习投入度测评的研究趋向⑦；此外，还有部分学者探索可视化⑧、自适应⑨、教育机器人⑩等技术和工具的开发与应用。综合现有研究发现，当前关于智能技术变革课堂的研究主要涵盖课堂环境、资源和评价等方面，且大多关注影响课堂的外部条件。打开课堂"黑箱"，重新思考智能赋能课堂变革

---

① 李小平，董银银，姜丽萍，等. 基于知识图谱设计的 VR 教学资源建构问题研究[J]. 中国教育信息化，2020(19).

② Bai, Y., Xie, Y., Luo, W., Yang, M. 2022. A Study of Strategies for Data Visualization to Promote Effective Learning for Primary School Students. In：Li, R. C., Cheung, S. K. S., Ng, P. H. F., Wong, LP., Wang, F. L. （eds）Blended Learning：Engaging Students in the New Normal Era. ICBL 2022. Lecture Notes in Computer Science, vol 13357. Springer, Cham.

③ 陈坤，谭英磊. 区块链：思政课翻转课堂开放发展路径研究[J]. 黑龙江高教研究，2019(09).

④ 王健，王聪，陈博杰，等. 中学生物学科"智慧学伴"平台的构建及其应用[J]. 中国电化教育，2019(01).

⑤ R. Zhang, W. Luo, Y. Xie, Y. Bai and Y. Qiu. 2021. "The Construction and Application of the 'Theory-Training-Practice（TTP）'Model of Teacher Education Based on OBE," 2021 Tenth International Conference of Educational Innovation through Technology（EITT）, pp. 33-38, doi：10.1109/EITT53287.00016.

⑥ 武法提，黄石华. 基于多源数据融合的共享教育数据模型研究[J]. 电化教育研究，2020(05).

⑦ 张琪，武法提，许文静. 多模态数据支持的学习投入评测：现状、启示与研究趋向[J]. 远程教育杂志，2020，38(01).

⑧ Calvert J , Abadia R. 2020. Impact of Immersing University and High School Students in Educational Linear Narratives Using Virtual Reality Technology. *Computers & Education*，p. 159.

⑨ Abersek, Boris, Dolenc, Kosta. 2015. TECH8 Intelligent and Adaptive E-learning System：Integration into Technology and Science Classrooms in Lower Secondary Schools. *Computers & Education*，82(mar.).

⑩ 卢宇，薛天琪，陈鹏鹤，余胜泉. 智能教育机器人系统构建及关键技术——以"智慧学伴"机器人为例[J]. 开放教育研究，2020，26(02).

的价值所在，从课堂内涵出发揭示智能技术赋能课堂变革的内在机理，建立智能技术赋能课堂变革的整体逻辑亟待进一步探索。

第二节　人工智能赋能课堂减负增效

作为学校教育教学工作的主阵地和育人的主渠道，课堂的减负增效是落实"双减"工作的重要"压舱石"，也是解决当下义务教育阶段中小学生负担重，短视化、功利性问题犹存的关键。"为人减负"是人工智能与产业发展紧密融合的直观感受，"为事增效"是二者创新应用的长远价值展现。面对教育高质量发展诉求和"双减"向纵深突破的现实要求，认识当下课堂教学需要减什么负、增什么效；了解人工智能如何赋能课堂减负增效；明晰人工智能赋能课堂减负增效的抓手和关键是什么，有助于一线教师找到开展人工智能赋能课堂创新实践的突破口。

一、"双减"与课堂减负增效

当前，中小学课业负担过重仍是义务教育阶段最突出的问题之一。虽然校内一直在减负，但学生的负担并没有真正地、系统地、有效地减轻，许多学生的负担来自校外培训机构，这样不仅会影响到学生身体健康，而且会影响学生心理健康。

为解决这一问题，中共中央办公厅、国务院办公厅于 2021 年 7 月 24 日印发《关于进一步减轻义务教育阶段学生作业负担和校外培训负担的意见》[①]，提出了全面压减作业总量和时长，减轻学生过重作业负担；提升学校课后服务水平，满足学生多样化需求；坚持从严治理，全面规范校外培训行为等 30 条具体意见，同时明确了学生过重作业负担和校外培训负担、家庭教育支出和家长相应精力负担 1 年内有效减轻、3 年内成效显著的目标。减轻义务教育阶段学生作业负担、减轻义务教育阶段学生校外培训负担是"双减"的基本内涵，这是党中央站在实现中华民族伟大复兴的战略高度，为培养德、智、体、美、劳全面发展的社会主义建设者和接班人提出的新理念、新思想和新观点，是我国教育发展

---

① 中华人民共和国教育部. 中共中央办公厅 国务院办公厅印发《关于进一步减轻义务教育阶段学生作业负担和校外培训负担的意见》[EB/OL]. http://www.moe.gov.cn/jyb_xxgk/moe_1777/moe_1778/202107/t20210724_546576.html，(2021-07-24)[2022-10-20].

历程中一个重要的里程碑。

"双减"就是回归教育常识，回归教育本心，充分发挥学校作为教育主阵地的功能；继续开展课堂革命，充分发挥课堂教学的主渠道作用，让学生的学习回归课堂，回归学校。课堂教学具有举足轻重的战略地位，肩负着教书育人与实践研究的双重使命。① 变革课堂就是变革教育，变革课堂就是变革未来。这就需要我们从新时代的角度看待课堂教学，融合新兴技术赋能变革课堂教学设计，助力实现课堂教学高质量，让学生在课堂上学足学好，真正实现立德树人育英才。

把好课堂教学质量关，就是最大的"双减"。"两个一百年"奋斗目标的实现、中华民族伟大复兴中国梦的实现，归根到底靠人才、靠教育。② 教育要面向现代化、面向世界、面向未来，这不仅凸显了教育的重要功能、作用，而且对办好教育事业明确了方向，就是必须为"两个一百年"奋斗目标的实现、中华民族伟大复兴中国梦的实现服务，就是必须为社会主义现代化建设服务，同时要与时俱进，与时偕行，融合创新。当下，随着 5G 网络、人工智能、大数据等新型基础设施建设不断深化发展，教育领域也开始探讨教育新型基础设施建设这一话题，旨在加快教育现代化，推进教育数字化转型，为建设教育强国提供支持。

2021 年 7 月 8 日，《教育部等六部门关于推进教育新型基础设施建设构建高质量教育支撑体系的指导意见》③发布，提出教育新型基础设施是以新发展理念为引领，以信息化为主导，面向教育高质量发展需要，聚焦信息网络、平台体系、数字资源、智慧校园、创新应用、可信安全等方面的新型基础设施体系。

2022 年 2 月 9 日，教育部发布《教育部 2022 年工作要点》④，提出实施教育

---

① 邱艺，谢幼如，李世杰，黎佳. 走向智慧时代的课堂变革[J]. 电化教育研究，2018，39(07).

② 新华网. 习近平同北京师范大学师生代表座谈时的讲话（全文）[EB/OL]. http://politics. people. com. cn/n/2014/0910/c70731-25629093. html，（2014-09-10）［2022-10-20].

③ 中华人民共和国教育部等. 教育部等六部门关于推进教育新型基础设施建设构建高质量教育支撑体系的指导意见[EB/OL]. http://www. moe. gov. cn/srcsite/A16/s3342/202107/t20210720_545783. html，（2021-07-08）[2022-10-20].

④ 中华人民共和国教育部. 教育部 2022 年工作要点[EB/OL]. http://www. moe. gov. cn/jyb_ sjzl/moe_ 164/202202/t20220208_ 597666. html，（2022-02-09）［2022-10-20].

数字化战略行动。实施教育数字化战略行动，应按照强化需求牵引，深化融合、创新赋能、应用驱动的思路，积极发展"互联网＋教育"，加快推进教育数字转型和智能升级。以教育新型基础设施建设为支持，以国家智慧教育公共服务平台为依托，围绕资源供给、课堂变革、评价创新、治理协同、标准规范、教师队伍和安全保障等方面，深入思考数据的要素作用，用好数据的属性和功能，发挥数据流动的价值，从而促进教育系统化变革与结构性创新。

开展教育新型基础设施建设，是信息化时代教育变革的牵引力量，是加快推进教育现代化、建设教育强国的战略举措；实施教育数字化战略行动，是智能时代教育变革的推进动力，是加速重塑教育生态，促进教育转型升级，实现教育高质量发展的必由之路。无论是起步、应用的牵引，还是融合、创新的推进，课堂作为教育主战场、主渠道的使命从未改变。课堂减负增效，既是表征"双减"落地的着眼点，也是实现"双减"落地的切入点。

二、 人工智能赋能课堂减负增效的抓手

基础教育的问题都会在课堂中显示出来。近年来，不同学者对现有课堂教学存在的问题进行了讨论和分析，主要围绕教师教学和学生学习两方面进行深入探讨，并以"教与学的有机结合和辩证统一"为课堂教学这一概念赋予了动态特征。邱艺等人认为，某些课堂存在无法促进学生全面发展，无法促进教师专业成长与职业幸福感提升，无法共同提高学生的素质与应试水平等问题[1]，为课堂变革提供了参考方向。随着人工智能技术在教育领域的持续深入应用，余胜泉认为未来的教育将进入教师与人工智能协作共存的时代，教师与人工智能将发挥各自的优势，协同实现个性化教育、包容的教育、公平的教育与终身的教育，促进人的全面发展。[2]

课堂减负增效的实质，即对课堂教学要素及其之间关系的重新考量，这就需要针对课堂教学要素进行系统化分析。教师、学生、教学目标、教学内容、教学方法和教学评价是课堂教学的关键要素，减轻教师教学负担和学生学习负

---

① 邱艺，谢幼如，李世杰，黎佳. 走向智慧时代的课堂变革[J]. 电化教育研究，2018，39(07).

② 余胜泉. 人工智能教师的未来角色[J]. 开放教育研究，2018，24(01).

担，增加教学目标的融合度、教学内容的深广度、教学方法的灵活度和教学评价的个性度是课堂减负增效的实质。这能够充分发挥课堂传承知识、潜移价值、立德树人、塑造生命的功能作用，从而保证立德树人成效，促进学生全面发展，培养新时代创新型人才，为民族复兴筑牢稳固根基。

人工智能赋能课堂减负增效的抓手，在于课堂教学要素。具体而言，人工智能赋能课堂减负增效的抓手，即针对教师、学生、教学目标、教学内容、教学活动、教学评价和教学支持环境等方面开展数据驱动的转型升级。单有人工智能技术的支持，不一定能够很好地实现课堂教学的系统化变革与创新，其减负增效的结果可能不尽如人意。但当人工智能技术与课堂要素实现双向赋能后，二者的深度融合使教师的育人角色更为凸显，学生的复杂问题解决能力、创造能力不断提升，规模个性化和精准精细化的教学活动逐步成为课堂教学的常态，多元化、伴随式的教学评价不断彰显其诊断和改进的价值，从而实现教师知道如何高效教学，学生知道如何个性化学习，教学环境符合教师和学生的需要。这就需要在创新应用人工智能技术开展课堂教学实践的同时，以"大单元"重构课堂教学目标和内容，以"任务群""问题链"再造课堂教学结构与流程，最终达成课堂减负增效的目标。

修改和完善义务教育课程方案和课程标准，对教与学的内容、方式进行改革，能够为保障人工智能赋能课堂减负增效成效提供支持。2022 年 4 月 21 日，教育部印发《义务教育课程方案和课程标准（2022 年版）》，这是全面贯彻党的十九大和十九届历次全会精神，全面落实习近平总书记提出培养担当民族复兴大任时代新人的新要求，深化落地中央作出的关于义务教育深化教育教学改革和"双减"工作决策部署要求，持续强化课堂及学校教育主阵地作用的重要纲领。新修订的义务教育课程以习近平新时代中国特色社会主义思想为指导，落实立德树人根本任务，强调育人为本，依据"有理想、有本领、有担当"时代新人培养要求，明确了义务教育阶段培养目标。①

华东师范大学课程与教学研究所所长、教授，义务教育课程方案修订组组

---

① 中华人民共和国教育部. 为培养时代新人奠基 教育部印发《义务教育课程方案和课程标准（2022 年版）》［EB/OL］. http://www.moe.gov.cn/jyb_xwfb/gzdt_gzdt/s5987/202204/t20220421_620068.html，（2022-04-21）［2022-10-20］.

长崔允漷指出，2022 年版课程方案和课程标准有四大突破。第一，在课程目标上，从"双基"、能力向核心素养突破。课程核心素养是该课程育人价值的集中体现，即该课程在落实立德树人根本任务中的独特贡献，是学生通过该课程学习之后而逐步形成的关键能力、必备品格与价值观念。核心素养强调的是学了知识或技能之后能做什么，能解决什么问题，且一定要可教、可学、可评，这为教学目标的确定提供了新方向。第二，在课程内容上，从单一、线性向结构化突破。现有对课程内容的传统理解包括学科知识和活动经验，实施起来都不够理想，利用作为课程内容的学习经验及其横向、纵向结构化描述课程内容，能够为更好地组织教学提供依据。第三，在课程活动上，从"自主合作探究"向学科实践突破。利用学科实践解决教学过程中"虚探究""假探究"问题，学生在教学情境中，运用学科的概念、思想与工具，整合心理过程与操控技能，解决真实情境中的问题，用学科方法学习学科知识，从而在课程活动中落实学科核心素养。第四，在课程评价上，从内容标准向学业质量突破。学业质量是学生在完成本学科学习之后的学业成就综合表现。它不是知识点学习之后的成就表现，而是知识的综合运用。学业质量不仅是基于知识点的考试成绩，而且是以本学科核心素养及其表现水平为主要维度，结合课程内容，对学业成就表现的总体刻画，也是所有过程评价、结果评价与考试命题的依据。[①]

可以看出，人工智能赋能课堂减负增效的抓手，在于对标课程标准突破教学目标、内容、活动、评价四个方面，综合使用传感器和其他感知设备装置收集到的多种数据，依托人工智能、大数据等技术开展数据融合分析，助力目标的科学确定、内容的定制组合、活动的个性交互和评价的多维可视，从而实现课堂减负增效。

三、 人工智能赋能课堂减负增效的关键

推进课堂变革是课堂减负增效的关键。这就需要以人工智能等教育新基建

---

① 第一教育. 专家解读｜崔允漷：新课程标准有四大突破［EB/OL］. https://mp. weixin. qq. com/s/2ftE1r_4up6B7PKCBc-NKA，（2022-05-03）［2022-10-20］.

赋能的课堂空间为支持，紧抓课堂组织与活动这一核心，打造可验证、可复用、可迁移的课堂创新结构与模式，持续重塑人性化课堂生态。简言之，即以课堂教学理念、目标、内容、活动和评价等方面为切入点，深化减负增效核心价值，塑造课堂新生态。

(一)理念——以人为本，质量为先

课堂理念方面，切身以学生全面发展为本，为学生一生奠基；切身以提高课堂质量为先，为民族未来负责，用生命的高度看待课堂教学，以人为本，质量为先是课堂减负增效的理念。

(二)目标——全面发展，德才兼备

课堂目标方面，五育并举培养全面发展的社会主义建设者和接班人，培养新时代创新型人才，全方位塑造德才兼备的国家栋梁，筑牢稳固民族复兴根基是课堂减负增效的目标。

(三)内容——按需生成，因人而异

课堂内容方面，针对学生需要和学生学情画像，按需生成课堂教学内容，使教学内容做到因人而异，从而保证学生在课内学足学好的同时减少学生学习负担，为实现规模化的因材施教提供支持。

(四)活动——协同联动，高效敏捷

课堂活动方面，引入人工智能等教育新基建物化产物参与课堂活动，作为教师的教学代理和学生的学习伙伴，协同教师完成个性辅导，给予学生联动支持，赋能教师和学生专注于课堂活动关键问题的解决，提高课堂活动效率，实现高效敏捷的课堂教学。

(五)评价——多元协同，助力成长

课堂评价方面，充分利用个体特征、外显行为、内隐生理、人机交互和时空情境等多模态数据进行融合分析，协同教师、学生和家长等多元评价主体共同参与课堂评价，建立学生学习画像，提升评价质量的同时增加评价的应用效果，助力学生成长成才。

第三节　人工智能赋能课堂变革的机理

一、 人工智能的赋能属性

人工智能是指由人类所制造的智能，其原型是自然智能，特别是人类智能。人工智能领域研究的任务，在于理解自然智能奥秘，创制人工智能机器，增强人类智力能力。[①] 自1956年达特茅斯会议诞生"人工智能"这一概念，到经历跌宕起伏的两次兴盛和两次寒冬，再到云计算、大数据的快速发展和算法模型获得突破性进展，当前，我们身处人工智能的第三次浪潮中。以5G网络、大数据、人工智能物联网（AIoT）和边缘计算等为基础设施与知识图谱、模式识别、机器学习和自然语言处理（NLP）等关键技术构成的智能环境，已在人机对话、图像识别、数据分析和个性推送等领域有所突破，这为人工智能在不同行业和领域凸显其赋能属性提供有力支持。回溯人工智能发展历程，聚焦人工智能本身，依托基础设施和关键技术的持续突破，我们可以看出赋予人类个体能力，增强人类个体智力，解放人类个体劳动是人工智能本质属性。人类个体的劳动被解放出来后，人机协作创造将逐步成为未来社会发展的主题。由此可见，人工智能本身具备赋能属性，并通过理念重塑、技术革新和应用创新外化出来，人工智能的赋能属性必将对社会各行各业的发展掀起一场系统化变革。

二、 人工智能赋能课堂变革的要素[②]

机理是指一定系统中各要素的结构、关系及相互作用的规则与原理，也有研究将其释义为有机体的构造、功能和相互关系。[③] 对于课堂这一系统而言，构成课堂的要素与结构是其机理的表征之一。教学论中将课堂看作由学生、教师、教学目标、教学内容、教学方法、教学评价和教学环境等七个要素组成的动态综合体。其中，学生是教学的主体，教师是教学的主导，二者是课堂中无法缺

[①] 钟义信. 人工智能：概念·方法·机遇[J]. 科学通报，2017，62(22).

[②] 谢幼如，邱艺，刘亚纯. 人工智能赋能课堂变革的探究[J]. 中国电化教育，2021(09).

[③] 王怡主编. 汉语同音词词典[M]. 成都：四川出版集团·四川辞书出版社，2011.

少的要素，是课堂使命的出发点和功能的落脚点；再者，教学目标制约教学活动的开展，并通过教学内容具体展现、教学方法落地实施和教学评价动态反馈；最后，教学环境是支撑教学活动开展的客观条件，是课堂要素间产生交互关系和形成相应结构的保障。人工智能赋能课堂变革的要素及其关系，即以人工智能基础设施和关键技术组成的智能教学环境为依托，将人工智能技术的具现化产物作为课堂要素之一，赋能教学目标确定、教学内容供给、教学方法选用、教学活动开展和教学评价实施，实现数据驱动的因材施教、按需推送的资源供给和人机协同的教学活动，同时针对学生的知识掌握、素养水平、关键能力和必备品格等方面进行动态精准评价，促进学生批判性思维、知识迁移能力和问题解决能力的自适应提升，最终达成培养德、智、体、美、劳全面发展，适应未来社会发展的新时代创新人才的教育目标，如图 1-1 所示。

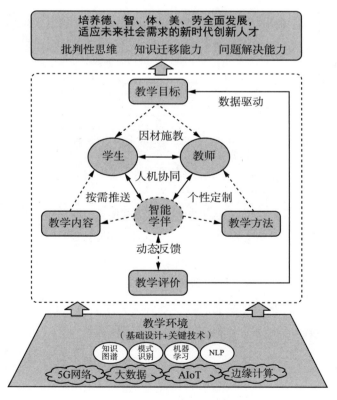

图 1-1　人工智能赋能课堂变革的要素及其关系

三、 人工智能赋能课堂变革的原理①

赋能环境建设、赋能教学设计、赋能教学实施是人工智能赋能课堂变革的三个层次(见图 1-2)。赋能环境建设即以 5G 网络、知识图谱、模式识别等为代表的人工智能技术变革原有教学环境,使课堂空间呈现虚实融合、动态交互、按需分配、弹性拓展的特征,为课堂空间赋予沉浸式智能交互等能力;赋能教学设计即以多模态数据融合分析和多维度数据智能可视化变革原有教学设计,使教学设计趋向定制化目标、自适应内容、泛在化交互和画像化评价,为教学设计赋予规模化按需定制等能力;赋能教学实施即以人机协作变革原有教学活动组织,使人工智能技术的具现化产物成为教学活动主体的代理、助理、导师及伙伴,为教学实施赋予按需协同化认知融合等能力。

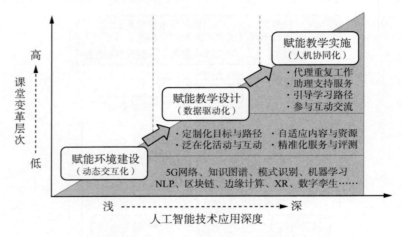

图 1-2　人工智能赋能课堂变革的原理

如图 1-2 可以看出,人工智能赋能课堂变革是以动态交互化赋能的教学环境建设为支撑,以数据驱动化赋能的教学设计为抓手,以人机协同化赋能的教学实施为关键,最终实现课堂改革创新,服务人才培养需要。

---

① 谢幼如,邱艺,刘亚纯. 人工智能赋能课堂变革的探究[J]. 中国电化教育,2021(09).

第四节　人工智能赋能课堂变革的样态

样态是指事物或实体存在的方式、关系或性质结合的形式。[①] 人工智能赋能课堂变革，最终都反映在课堂样态上。以人工智能赋能课堂变革，需要围绕赋能环境建设、赋能教学设计和赋能教学实施，构建典型课堂样态，从而落地人工智能赋能课堂变革。基于此，本书提出智能可视化课堂、动态自适应课堂、个性定制化课堂、虚拟双师型课堂、人机协同化课堂五种人工智能赋能课堂变革的典型样态。

一、 智能可视化课堂

智能可视化课堂充分发挥 VR（虚拟现实）、AR（增强现实）、MR（混合现实）、XR（扩展现实）和数字孪生等智能技术优势，实现虚实空间弥合、无缝实时交互和全景拟真反馈，不断拓展学生具身认知，丰富学生学习体验，提高学生学习效果。这种课堂贯通数据可视化、知识可视化和思维可视化，综合计算机图形学和人工智能技术赋能教学情境创设、教学内容呈现和教学效果评价，从而支持学生深度思考和交流互动，促进学生问题解决和反思提升。

二、 动态自适应课堂

动态自适应课堂以学生学习为中心，依托教育大数据、学习分析、数据挖掘和教育大脑等技术，根据学生的认知特点和即时需求，为学生提供完成教学目标所需的环境、资源和服务，并根据学生学情变化进行动态优化。这种课堂对学生学习过程中产生的学情数据实时采集表征，并关联学生历史学情数据建模分析，从而动态调整学习内容、学习形式、学习路径和学习支持服务，实现个性化教学。这种课堂的核心是数据驱动的学习路径规划、学习资源推送与学习服务供给，依托技术支持实现规模个性化教学，从而促进学生全面发展。

三、 个性定制化课堂

个性定制化课堂将传统大规模教学和学生个性学习需求有机结合，借助教

---

① 冯契，徐孝通. 外国哲学大辞典［M］. 上海：上海辞书出版社，2008：694.

育大数据、量化自我、学习分析等智能技术，关注学生之间的差异性和多样性，根据学生自身学习情况和学习需求构建学生模型，对标学习目标定制个人专属学习方案。这种课堂通过融合学生的自我需求和社会需求，将教师、教学环境、教学资源、教学活动和学习同伴等课堂要素有机联动形成课堂快照，依托智能平台为学生量体裁衣设计学习内容、学习活动和学习支持，从而支持处处可学、时时能学的泛在学习。

四、 虚拟双师型课堂

虚拟双师型课堂利用边缘计算、机器学习、知识图谱和 NLP 等智能技术，打通线上线下教学壁垒，实现真人教师和虚拟教师共同协作开展教学。智能技术的深化发展，依托教育机器人、智能导师、智慧学伴等打造了真人教师主导、AI 教师辅导的虚拟双师型课堂。这种课堂中，真人教师和 AI 教师各司其职，协同组织教学活动，AI 教师通过数据分析展现学生学情数据，同时部分代理教师教学功能；真人教师根据学情数据调整课堂教学活动，持续凸显教师育人功能。这种课堂不仅能为教师回归育人使命，落实立德树人根本任务提供支持，而且能为偏远地区教育高质量发展创造条件。

五、 人机协同化课堂

人机协同化课堂充分发挥人工智能对个体认知的外包作用，将人工智能具现化产物看作课堂的组成部分，推进课堂教学过程中教师、学生、人工智能伙伴等角色间的深度互动和自组织交流，实现人机协作教学。在这种课堂中，学生、教师与人工智能伙伴共同成长、协同促进、智慧生成。人工智能伙伴能够引导学生深度思考、辅助教师完成重复性教学工作，使学生回归学习本质实现创造性学习，教师回归育人本质深化立德树人。这种课堂是人工智能赋能课堂变革的最高层次，也是人工智能赋能课堂变革的重要方向。

第二章

可视化课堂的内涵与特征

➔ 内容结构

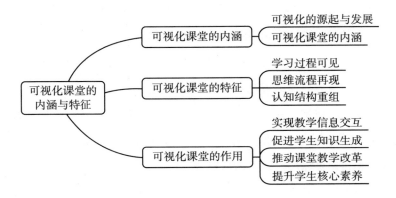

可视化课堂是指以可视化教学理论为指导，基于人的大脑思维方式，在智能技术的支持下，对教学目标、内容、活动、评价等方面进行可视化呈现与分析，持续拓展学生具身认知，有效提升学习效能的新型课堂。创新构建可视化课堂培养新时代创新型人才，需要在明晰可视化课堂内涵的基础上，进一步探索可视化课堂的特征，领会可视化课堂的作用。

第一节　可视化课堂的内涵

一、可视化的源起与发展

可视化（Visualization）作为专业术语的出现，始于 1987 年 2 月美国国家自然科学基金会召开的一个专题研讨会①，虽然这一点几乎成为研究者们的共识，但也有研究者表达不同的见解，如李芒等人认为可视化的出现并没有一个确切的

———————

① 张维忠，唐慧荣. 可视化教学内容设计的五大原则［J］. 电化教育研究，2010(10).

时间，只是当代文化在转向一种视觉文化的背景下，加上计算机科学技术在图形技术方面的突破，使得人们更加关注"可视化"的实现。①

早在 20 世纪初期，人们已经将图表和统计等原始的可视化技术运用在科学数据分析中。随着近 20 年海量信息的出现，可视化在不同领域的发展形成多个不同的分支，其中信息可视化和知识可视化则是可视化在信息科学领域、教育学及心理学领域的独立发展。②

从信息科学的技术视角来看，可视化就是通过计算机软件的支持，将事物及其发展变化的形式和过程，用仿真化、形象化的方式呈现，一般而言包括数据、模型和过程三方面的可视化。对用户来说，可视化主要是信息提供的可视化，也就是信息服务界面的可视化。③

当然，我们不应将可视化局限于人与机器之间的交互，从更具有普遍意义的角度来讲，可视化是把数据、信息和知识转化为可视的表示形式，并获得对数据、信息和知识更深层次认识的过程。④

尽管对于可视化的界定有着诸多不同，但可视化的目标是非常明确的，即帮助人们增强认知能力、理解事物间的联系、降低认知难度。⑤

二、 可视化课堂的内涵

教育信息化的落脚点是课堂教学信息化，而课堂教学信息化的基础是教学内容展示信息化。⑥ 多媒体技术、人工智能和虚拟现实等可视化技术使得课堂教学过程中不断生成和积累的数据能够以可视化的形式呈现，并且能够通过图形图像的方式增进学生对教学内容的理解与认知，支持学生学习过程中的认知建构。

---

① 李芒，蔡旻君，蒋科蔚，王妍莉. 可视化教学设计方法与应用[J]. 电化教育研究，2013，34(03).

② 马秀麟，赵国庆，朱艳涛. 知识可视化与学习进度可视化在 LMS 中的技术实现[J]. 中国电化教育，2013(01).

③ 周宁，刘玮，赵丹. 信息提供的可视化研究[J]. 情报科学，2004(03).

④ 洪文学，王金甲. 可视化和可视化分析学[J]. 燕山大学学报，2010，34(02).

⑤ 刘玮. 由认知到感知——谈信息可视化技术[J]. 中国计算机用户，2003(48).

⑥ 金智勇，卢子洲. 可视化多媒体教室网络群控系统的组建实践[J]. 电化教育研究，2009(07).

我们也可以将可视化课堂理解为可视化与未来课堂整合的课堂教学模式。"未来课堂"是相对于传统和现代课堂而言的，在相关理论和技术支持下，充分发挥课堂各组成要素（人、技术、资源、环境和方法等）的作用，实施教与学，以促进人的认知、技能、情感、学习与发展的活动及环境。①《启动学习革命——全球第一个网络教育城市亚卓市》是这样描述未来教室的："未来教室＝无所不在的学习环境＋电子书包＋随意教室＋远距离实验室＋高互动教室＋相连教室。"②学生通过使用教师提供的各种设备进行自由的交流和互动，并且这种互动往往可以跨越时空的限制。而可视化教学中最重要的一点就是重视人与人之间的互动交流。我们认为可视化课堂中的可视化具有两层含义：一是让教师看见学生的"学"，教师能清楚地看到自己所起的作用；二是让学生看到教师的"教"，促使学生逐渐掌握自主学习的能力。

综上所述，无论是从知识、数据，还是从思维可视化的角度看待可视化课堂，都体现了可视化课堂中利用先进技术和设备、注重以学生为中心、有效互动的教学环境等特点。

基于此，本书认为可视化课堂是指以可视化教学理论为指导，基于人的大脑思维方式，在智能技术的支持下，对教学目标、内容、活动、评价等方面进行可视化呈现与分析，持续拓展学生具身认知，有效提升学习效能的新型课堂。

第二节　可视化课堂的特征

可视化课堂是把可视化教学理念与技术相结合，将教学的重点放在学习者自身发展上，关注学习者与教学环境之间的动态互动，其特征主要表现为：学习过程可见、思维流程再现与认知结构重组。

一、学习过程可见

与传统课堂相比，可视化课堂具有"一图胜千言"的表达优势，其注重利用

① 陈卫东，张际平. 未来课堂设计与应用研究——教育技术研究的一个新领域[J]. 远程教育杂志，2010，28(04).
② 陈德怀，林玉佩. 启动学习革命——全球第一个网络教育城市亚卓市[M]. 台北：远流出版公司，2002：171-181.

多种智能可视化技术、工具和资源等全方位呈现出教师"教"的过程与学生"学"的过程，既让教师的"教"对学生可见，引导学生成为自己学习的主人；又让学生的"学"对教师可见，提高教师进行规模个性化教学的针对性。

可视化课堂强调通过引导学生观察、体验和利用生动形象的信息化知识模型，借助知识可视化、数据可视化、思维可视化等方法，将教学情境、教学内容、教学效果等直观动态地呈现于课堂之中，进而促使教师"教"的过程与学生"学"的过程实现全过程可见，让"教"与"学"变得更加清晰。基于可视化课堂中的学习过程可见特征，师生能够清晰地认识到教学和学习是如何发生的，并能够从班级视角和个人视角多方位监控学生学习状况，判断学生的学习水平及学习障碍点，从而用合理的视觉表征促进学生的知识生成和迁移，形象地建立起客观世界和主观世界的联系，并持续性拓展学生具身认知，丰富学生学习体验，提高学生学习效果。

二、 思维流程再现

当前，课堂教学的关注焦点已逐渐从"知识层"深入发展到"思维层"，但在传统课堂教学中，许多抽象的知识概念和思维过程无法进行形象化展示，导致学生难以切实掌握此类知识，更难以有效、系统、持续地发展自身思维能力。可视化课堂利用新一代信息网络、智能传感技术、拓展现实技术等一系列智能可视技术，能够将抽象的知识变得具体形象、将复杂的过程变得简洁明了、将不可见的思维变得清晰可见，这不仅能够帮助学生进行思维转化、再现思维流程，还能够让学生将原本需要进行思维转化的时间精力转移到对更深层次知识的探究上，从而提高学生学习的积极性与趣味性，使其更主动地参与学习和思考。

可视化课堂强调化抽象为形象，促隐形呈显性，一方面可以帮助学生快速厘清知识概念之间的逻辑关系，另一方面有助于教师对学生思维的走向和过程进行重点关注，促进学生思维的深度发展。基于可视化课堂中的思维流程再现特征，学生能快速厘清学习思路、把握学习内容、挖掘知识关联，推动其思维发展规律与知识内在规律达到和谐统一，实现以课堂教学高效率助力学生思维高质量发展。

三、 认知结构重组

认知结构建构的主要目的是获取目标知识点的意义，目标知识点是指作为目标内容的知识点[①]，当学生对目标内容的知识点产生理解后，发现目标内容知识点中的信息与原有的认知结构不和谐，就会产生认知冲突，这时就需要进行认知结构的优化重组。在传统课堂中，知识点与知识点之间的联系都是由教师通过言语或文字直接、机械地呈现给学生，而可视化课堂更加注重学生对于自身认知结构的积极建构与重组再造，通常引导学生利用智能可视化技术、工具等，模拟真实的问题情境，进而对所学的新知识和新方法等进行系统的概括与总结，同时强调将新知识和新方法等整合到先前知识结构中，找到适当的连接点，使原知识概念得到进化与发展。

可视化课堂支持系统连接琐碎知识点，对知识概念进行归类整理，通过为学生提供丰富的感官刺激和多通道的动态反馈，帮助学生进行内部信息加工，改变了以往停留在表层学习上的"磨洋工"现象，使得学生对知识概念产生更加深刻的理解。基于可视化课堂中的认知结构重组特征，学生能够基于可视化课堂脚手架，通过分析、概括、抽象等认知活动，深度理解学科知识点及其之间的内在联系，逐步形成个人知识地图，促进自身知识体系建构和系统化思维形成。

第三节　可视化课堂的作用

可视化课堂是指以可视化教学理论为指导，基于人的大脑思维方式，在智能技术的支持下，对教学目标、内容、活动、评价等方面进行可视化呈现与分析，持续拓展学生具身认知，有效提升学习效能的新型课堂。因此，构建可视化课堂可以实现教学信息交互，促进学生知识生成，推动课堂教学改革，提升学生核心素养。

一、 实现教学信息交互

可视化课堂通过对符号、文字、图像等视觉元素的综合运用，将以往难以

---

① 邱甜. 未来课堂环境下的可视化教学活动设计研究[D]. 华东师范大学，2018.

理解的隐形教学信息显性化，并处理一些单靠文本或数据很难解释的教学信息间的相对关系。同时，可视化课堂在智能可视技术的支持下，极大程度上革新了课堂教学交互的形态，为"教师与学生""学生与学生""学生与内容"，以及"学生和自己"提供及时、有效的交互，使得课堂教学信息得以真正、自然地实时实地的交互。

可视化课堂在充分尊重学生意见的基础上，以自主设置课堂可视化透明度的方式，将课堂教学信息进行动态可视生成，实现了教学信息的全面感知、可靠传送和智能处理，并使其实时持续地介入课堂交互中，从而增进课堂交互自由度，有效推动学生认知结构的内化，提升学生的具身体验和具象表达，实现面向个体和全体学生的良性教学循环。

二、 促进学生知识生成

知识经济时代的课堂面临着巨大的挑战，教师不仅需助力学生掌握现有的知识与技能，而且要引导学生学会产生和运用新思想，逐步获得新知识。俗话说"一图胜千言"，人类获取的信息中有 83% 左右是通过视觉获得的，因此，如何利用图形、图像等视觉呈现方式准确地获取信息、知识已渐渐成为人们关注的重点。可视化课堂对实现知识生成具有重要意义，可视化课堂旨在"将不可见变为可见"，利用智能可视技术将课堂中学生生成出来的知识进行可视化呈现，能够为学生提供较为直观的知识支架，有效促进了学生的知识生成。

同时，可视化课堂利用各种智能可视工具，将课堂教学过程中既复杂又抽象的概念知识、数据分析、思维交流等活动与过程以清晰、形象的方式展现出来，在促进学生意义建构、发展学生知识生成能力等方面均具有重要作用。

三、 推动课堂教学改革

可视化课堂强调"以学生为中心"的教育理念，通过视觉语言提高了信息传达的感染力、丰富性及交流的效率，引领了新一轮的课堂教学改革与优化。可视化课堂通过创设丰富、真实的教学情境，激发学生的学习兴趣，引导学生进行自主探究与协作学习，充分活化其学习思维，推动学生在教师的指导下轻松、高效地完成自身知识网络的构建。

可视化课堂支持教学全过程深度探索的智能跃迁，在教学理念、教学目标、教学策略、教学活动、教学评价等方面进行了创新整合，通过优化各个教学环节，以实现课堂教学的高质量发展。同时，学生和教师能够通过可视化后的课堂教学过程，有效监测教学情况，科学进行教学管理，精准实施教学决策，以最大限度保证教学效果，更好地促进课堂中师生整体向上发展。

四、 提升学生核心素养

可视化课堂作为一种减负增效、打破传统课堂形态的新型课堂，充分契合了我国学生发展核心素养的主题要义，有利于夯实学生的文化基础，促进学生自主发展，推动学生社会参与。具体来看，可视化课堂使教学的着力点由表层深入内核，由"树梢"深入"树根"，助力学生在学习的全过程中获得优良的学习体验，学会自主构建知识网络，有效发展其自主学习能力、团队协作能力以及各项思维能力，实现教与学的转型升级。

可视化课堂与我国深化教育教学改革的基本方向具有高度一致性，以促进学生核心素养发展为课堂教学目标，在课堂开展过程中以知识为明线，以素养为暗线，借助智能可视工具引导学生进行深度思考，助力学生在思考的过程中形成一定的思维和能力，以实现能力、素养协同发展的转变。可视化课堂通过课堂的创新变革得以提升学生核心素养和综合实践能力，推动学生的全面发展进程，持续培育更多的新时代创新型复合人才。

第三章
课堂可视化的类型与表征

→ **内容结构**

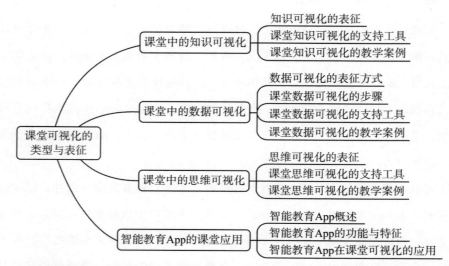

在课堂教学中，有效依托智能教育 App 载体，恰当利用可视化技术具象化课堂中的知识、数据和思维，不仅能够为学生的学习过程提供可视化的支架与导航，而且可作为认知工具支持学生知识的建构和问题的解决。基于此，本章主要从课堂中的知识可视化、课堂中的数据可视化、课堂中的思维可视化和智能教育 App 的课堂应用四个方面进行介绍。

第一节　课堂中的知识可视化

知识是通过个体与信息甚至是整个情境相互作用而来的，是对客观世界的能动反映。个体一旦获得了知识，就会在头脑中用某种形式或方式来代替其意义并存储起来。课堂是学生获得知识的重要场所和途径，在知识的获得与传递过程中，需要对知识进行展示、共享、使用、测试等，这就要求教师将本身具备的知识进行具象表征，使知识具体、形象地呈现出来，从而实现知识的可视化。

一、 知识可视化的表征

我们能够很熟练地完成一件事，但大部分时候很难说出是怎样完成这件事的，这就是波兰尼的著名命题："我们知道的比我们能说出的多"。俗话说"一图胜千言"，在人类获取信息的方式中，83％左右是通过视觉。由此可见，利用视觉获取信息早已成为习惯与常态。知识可视化是指应用视觉表征手段，促进群体知识的创造和传播①，主要是借助各种工具，以图式、动画等形式表现知识或知识之间的关系，从而促进学习者在已有知识结构的基础上，快速厘清知识点之间的逻辑关系，实现意义建构。知识可视化的表征可理解为知识的内部表征向外部进行表达、传送，在这一过程中，涉及知识的内部转化与外部交流。无论采用何种方式，其根本目的都是为了促进学习者的认知，让学习者能够更加清楚、直观地理解、获取、生成知识。图式作为最能直观反映事物属性的表示方式，以其简单易懂、生动形象等特征，成了知识可视化表征最常用、最直接的形式。除图式外，知识地图、语义网络、认知地图等形式也逐步应用于知识可视化表征。

关于知识可视化的表征方法，国内外众多学者分别给出了相应的观点。Eppler 将知识的可视化表征分为 6 个类别：启发式草图（Heuristic Sketches）、概念图表（Conceptual Diagrams）、视觉隐喻（Visual Metaphors）、知识动画（Knowledge Animations）、知识地图（Knowledge Maps）、科学图表（Scientific Charts）。② Jonassen 等人认为知识的可视化表征方法主要有 5 种形式：概念图（Concept Map）、思维导图（Mind Map）、思维地图（Thinking Map）、认知地图（Cognitive Map）、语义网络（Semantic Network）。③ 陈琦等人将知识的表征形式分为概念、命题（命题网络）、表象、图示、产生式五种类别。④ 随着可视化技

① 赵慧臣，王淑艳. 知识可视化应用于学科教学的新观点——访瑞士知识可视化研究开拓者马丁·爱普教授[J]. 开放教育研究，2014，20(02).

② 张会平，周宁. 基于知识可视化的隐性知识转换模型研究[J]. 现代图书情报技术，2007(02).

③ Jonassen D H. 1991. What are Cognitive Tools? Kommers P, Jonassen D H, Mayes J T. Cognitive tools for learning. NATO ASI Series F, Computer and Systems Sciences. Berlin, Heidelberg: Springer, p. 81.

④ 陈琦，刘儒德. 当代教育心理学（第二版）[M]. 北京：北京师范大学出版社，2007：254.

术的不断发展，越来越多的表征技术与方法开始服务于知识可视化，知识可视化的表征呈现出数字化、智能化的发展趋势。本书认为，知识可视化的表征方法包括直观视觉表征和逻辑关系表征。

(一)直观视觉表征

直观视觉表征是指用有共同或高度接近的特征与性质符号形体表示出指代的事物。它能够让学习者摆脱文本的枯燥，以一种更加清晰直观的方式理解知识，适用于单个知识点的可视化表征。常用的知识的可视化表征有启发式草图、概念图表、视觉隐喻、知识动画、知识地图、科学图表。① 随着技术的发展，知识的表达除了静态的结构化图形图像表达外，更加突出交互式、立体化的呈现。如利用微视频、动画等形式，使学生的认知活动由文字变成图像、由无声变成有声、由单一变成多元、由平面变成立体，进而产生更为丰富的认知体验。在学习学科概念、定义等内容时，学生通过观察、理解等方法，明晰其外在表征，掌握其基本含义。为保证学生能够快速理解新知识，教师可利用图形、图像等可视化资源展示，或是通过仿真等技术进行模拟现实，再现事物的真实情境，增强学生对事物的理解。

(二)逻辑关系表征

逻辑关系表征是指运用线性或非线性的形态呈现事物更深层次的内在逻辑关系。它能帮助学习者建立系统化的知识框架，适用于表征知识点与知识点之间的关系。常用的逻辑关系表征形式有思维导图、知识地图、聚类分析等，随着人工智能技术的迅速发展，对于知识的表征方式越来越趋向于智能化和个性化。在帮助学习者进行新知内化和反思总结的时候，它可以利用思维导图、概念图、知识地图等图式法支持学生进行探究，辅助学生梳理事物的内部逻辑关系，建立起对知识整体概貌的深层次理解。

二、 课堂知识可视化的支持工具

课堂知识可视化的环境设计，是将学习环境视为旨在完成知识建构的复杂

---

① Eppler M J，Burkhard R A. 2004. Knowledge visualization. Università della Svizzerai taliana.

系统，利用知识可视化方法和工具，能让学习者在追求学习目标和问题解决的活动中，满足有效组织教学内容、充分实施教学设计、实现伙伴筛选并推送有效信息等具体需求，进而促进环境中的教学交互发生。① 随着人工智能技术在教育领域的纵深发展，课堂知识可视化的支撑环境越来越丰富和完善。本书主要介绍几种用于知识可视化的支持工具，见表 3-1。

表 3-1　课堂知识可视化的支持工具

类别	工具名称	图标
知识呈现	物理实验室	
	几何画板	
知识管理	印象笔记	
	Popplet	

(一)知识呈现类工具

知识呈现类工具是指能够根据学习者的学习偏好解构知识，将知识以数据或者信息等更直观的形式呈现给学习者，同时提供交流展示的空间，学生能够通过拍照上传等方式进行可视化结果展示，从而帮助学习者更好地理解和内化知识。

1. 物理实验室

(1)介绍

物理实验室 App 是一款能够为学生提供虚拟仿真环境的物理实验元件，App 中的模拟元件高度复刻了实体元件的细节。在该 App 中，学生能自由设置实验的所有属性，并通过组装元件，来理解、体会物理实验的基本知识。学生通过 App 能够随时随地做物理实验，不会有任何危险。手机 App 商店搜索"物理

① 李亚男，王楠. 基于知识可视化的移动学习环境设计研究[J]. 中国电化教育，2013(11).

实验室"即可获得。

（2）特征

物理实验室 App 具有易获得、易操作的特征，这种特征能够让做实验的过程变得更简单，让学习变得更有趣。教师也能够根据需求选择电学实验、天体物理实验、电与磁实验等，进行实验课的模拟展示教学。除此之外，物理实验室 App 结合 VR 技术，支持高度自由的实验设计，使学生在做实验的过程中充分发挥主观能动性，帮助学生在实验过程中积累实践经验，培养学生的创新能力。

（3）操作示例

物理实验室 App 的操作界面如图 3-1 所示。在此以"简单电路"为操作示范，展示物理实验 App 的基本操作。进入主界面后选择"电学实验"，接着选择"进入实验"。

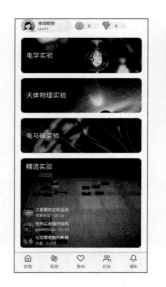

图 3-1　物理实验室主界面

进入主界面后可以发现，下方元件栏中有基本电路、仪器仪表、模拟电路、家庭电路和逻辑电路等各种仿真元件，右侧有"暂停/继续"、"实验速度"、"实验菜单"和"添加元件"几种功能图标，师生可以根据实验需要，个性化设置实验操作进程。左侧有"AR 模式"与"电路图"功能图标，AR 模式外接 AR 设备即可体验，还可以将仿真实验转化为简洁易懂的电路图，便于学生理解学习，如图 3-2 所示。

图 3-2　物理实验室操作界面展示

　　在此我们选择"一节电池"、"白炽灯泡"和"简单开关",并将元件拖至操作台界面(见图 3-3)来组装一个简单电路。

图 3-3　选择元件,拖动至操作台

　　点击元件左右两端的接触端,如图 3-4 绿色引导点所示,选择下方出现的导线颜色,在此我们选择蓝色导线。

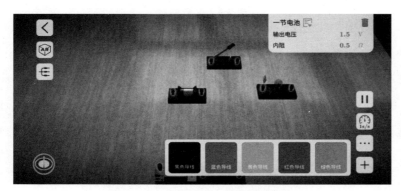

图 3-4　点击接触端,选择导线颜色

再根据电路连接规则，依次点击元件接触端，用导线串联电路元件，如图 3-5 所示。

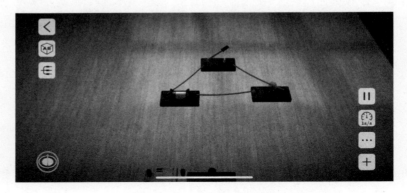

图 3-5 根据电路图，连接导线

连接好元件后，点击开关，出现开关开合和关闭与锁定图标，如图 3-6 所示，点击关闭开关图示，小灯亮起，简单电路模拟实验验证完毕。

图 3-6 电路运行

(4)应用案例

在小学科学课上，学生可以利用物理实验室 App 进行虚拟仿真实验，如图 3-7 所示。学生在进行实验的过程中，逐步理解电路的基本概念，并通过观察小灯泡的明亮程度，逐步学习联通电路的基本组成元件，以及各元件的特性、功能作用等基础知识。在这一过程中，学生通过观察、动手、合作等方法，逐步了解电路及电路元件的基本特征，并通过虚拟仿真实验将其可视化表征出来，促使学生进一步理解内化相关知识点。

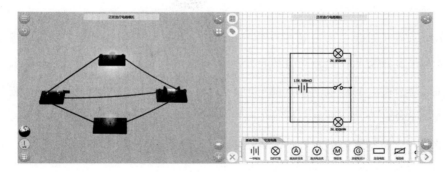

图 3-7 学生利用"物理实验室"App进行虚拟仿真实验

2. 几何画板

(1)介绍

几何画板是一款适用于手机和 Pad(平板电脑)的动态几何画板应用程序，它为教师和学生提供了探索代数及几何图形内在关系的环境，基本功能包括随意画出几何图形、轻松绘制函数图像、测量运算相关值与动态展现图形个性化等。几何画板的软件操作界面如图 3-8 所示。

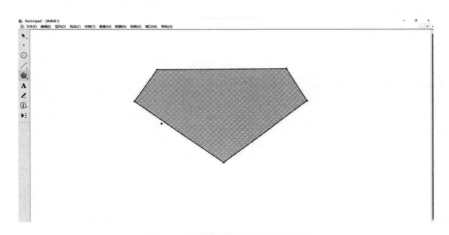

图 3-8 几何画板软件操作界面

(2)特征

几何画板具有动态性、形象性、操作简单、可被其他软件调用的特征。动态性指学生能够用鼠标随意拖动图形上的任意一个元素，使图形旋转、平移等，而事先给定的图形基本性质都保持不变，在动态变化中把握几何图形中的不变参数，突破了传统教学中不能动态变化图形的难点。形象性指教师能为学生创设一个实际操作图形的环境，学生能在实操中观察图形、猜测并验证，在观察、探索、发现的过程中增加对各种图形的认识，培养学生的空间想象能力。操作简单指几何画板的一切操作只通过工具栏和菜单栏就能实现，不需要其他的工具或功能辅佐，简单易上手，便于师生操作。可被其他软件调用指几何画板能与其他软件联合使用，如几何画板画出的图形可以直接插入 Word、PowerPoint 等软件中，教师能够借此开发教学课件。

（3）操作案例

几何画板软件的操作较为简单，在此通过绘制"y＝x＋1"函数图像一例，来展示几何画板的基本操作。首先点击菜单栏中的绘图——"定义坐标系"，调用出坐标系，如图 3-9 所示。

图 3-9　定义坐标系

其次，点击菜单栏中的"绘图"——绘制新函数，出现"新建函数"界面，在"新建函数"界面中输入"x＋1"，点击"确定"，如图 3-10 所示。

图 3-10　绘制新函数

最后在坐标系界面出现"y＝x＋1"图像，如图 3-11 所示，便于学生观察学习。

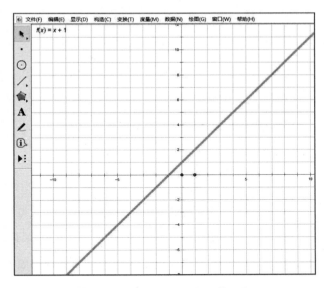

图 3-11　生成"y＝x＋1"函数图像

（4）应用案例

在小学数学"长方形和正方形"一课中，学生不仅可以通过折一折长（正）方形纸片来发现长（正）方形的特征，而且可以观察教师利用几何画板演示的"正方形的任意对折"动态图像，去理解"长方形对边相等、正方形四边相等"概念。通过观察任意对折正方形的动态过程，学生提高了几何意识，提升直观想象能力，如图 3-12 所示。

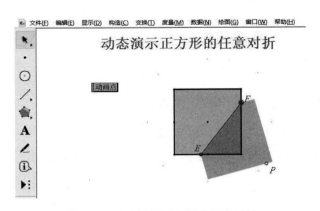

图 3-12　动态演示正方形的任意对折

(二)知识管理类工具

知识管理类工具是指能够对知识进行系统化组织和呈现,帮助学习者厘清知识点之间的内在联系与逻辑关系,以一种更有效的方式完成知识的意义建构,学生能利用知识管理类工具绘制思维导图、管理知识内容,有助于学生梳理知识内在逻辑,实现知识建构并促进知识生成与可视化表征。

1. 印象笔记

(1)介绍

印象笔记是一款云储存型笔记软件,支持信息获取、信息组织和信息共享等功能,能够收集、整理、检索知识信息。这种方便、高效的提取知识方式,便于学生利用印象笔记对生活中的碎片化知识进行集中管理。除了知识管理功能外,印象笔记还具有录音、扫描、记录、提醒、待办事宜等基础功能,可以满足学生学习的基础需求,方便随时记录,永久保存内容。

(2)特征

印象笔记具有多平台内容同步、信息深度检索和有序整理信息等特征。多平台内容同步是指印象笔记支持多设备共享一账号同步登录,使得拥有多设备的学生能够在不同的设备中共享知识笔记,随时保持高效的运转效率。信息深度检索是指通过印象笔记智能化的信息组织功能,应用软件内嵌的搜索引擎,可实现笔记的轻松搜索。有序整理信息指印象笔记支持丰富的文件格式,帮助学生妥善保存从文字、图片、录音到思维导图、文档和附件的笔记形式。

(3)操作案例

PC 端印象笔记的主界面如图 3-13 所示。

在此以人教版高中生物教材必修一第 1 章第 1 节"从生物圈到细胞"为例,通过创建与整理其相关笔记展示印象笔记的基本操作。首先,点击菜单栏中的"创建笔记",输入笔记本的名称"生物学素材",就完成了笔记本的建立,如图 3-14 所示。同理,重复上述操作,依次建立生物学素材、课件与教学设计、教科研文献笔记本,方便后续的搜索和管理,如图 3-15 所示。

图 3-13 印象笔记主界面

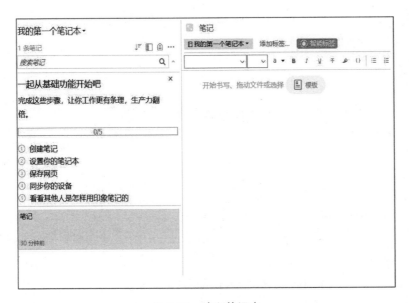

图 3-14 建立笔记本

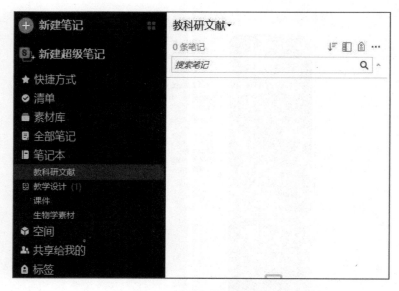

图 3-15　个人笔记本管理

其次，利用"印象笔记·剪藏"的浏览器插件，可以将在网页上发现的生物学素材保存到印象笔记中，如图 3-16 所示。

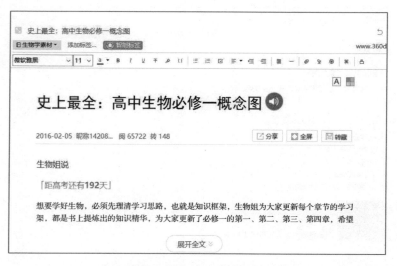

图 3-16　剪藏网页内容后出现的"印象笔记"界面

最后，在界面左上角选择"生物学素材"这一笔记本，将刚刚保存的网页内容添加到新的标签中，或者保存到对应的标签中，如图 3-17 所示。

图 3-17　添加标签界面

（4）应用案例

印象笔记可以建立班级资源库，帮助教师快速收集、批改学生作业，学生能够在资源库中共享知识成果，相较于传统的"收作业—交作业—教师批改—返还学生查看订正"的流程，大大减轻了教师的压力。在课前，教师可以先在印象笔记中创建好课程模板，方便随时查看学生评分。在课中，教师以班级为单位建立笔记本，并与全班同学共享教学资源，为其添加日期标签，便于学生收集整理课堂知识。在课外，教师可以通过印象笔记掌握学生作业情况，教师不仅可以直接在印象笔记中对其进行批注，而且可以将优秀的作业快速跟全班同学分享，促进大家共同进步，如图 3-18 所示。

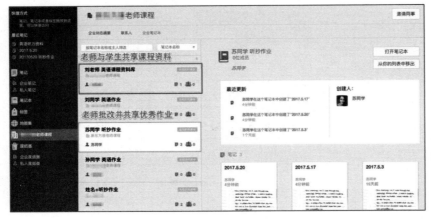

图 3-18　学生与教师利用印象笔记进行教学

2. Popplet

(1)介绍

Popplet 是一款简单实用、易于操作的思维导图工具。Popplet 具有灵活可控的连接线，不仅支持任意角度的自由布局，而且能增强图片操作的便利性，使得教师和学生在使用过程中能够更加高效地组织和管理个人知识。在日常生活或学习中，学生可以运用 Popplet 及时记录自己的想法，并通过评估、组织和连接这些想法，建立起个人的知识架构，促进学生对知识的掌握和运用。

(2)特征

Popplet 具有友好直观的界面、舒适流畅的互动性和简单易用的操作性等特征。Popplet 注重图形化表示，教师和学生可以使用剪贴画图库装饰自己的思维导图，可视化个人想法，以做出更加直观的思维导图。除此之外，教师和学生可以使用软件预设的多种功能，从而使制作过程更为便捷，提高制作质量和美观度。Popplet 的使用可以提高学生参与教学活动的积极性，并帮助学生快速有效地整理个人知识，建立起自己的知识架构。

(3)操作示例

Popplet 的操作界面如图 3-19 所示。

图 3-19　Popplet 主界面

在此以"绘制水循环"为操作示范，展示 Popplet 的基本操作。进入主界面后，点击画布中心方框，设置文字内容为"水循环"，并添加相关图片，如

图 3-20 所示。

图 3-20　Popplet 操作界面展示

点击并选择方框下方按钮，添加其分支主题，如图 3-21 所示，设置其文字为"海陆间循环"，并添加照片。

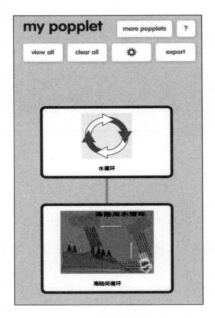

图 3-21　添加分支主题

重复上述操作，添加"水循环示意图"和"海上内循环""陆地间循环"，并上传相关图片，如图 3-22 所示。

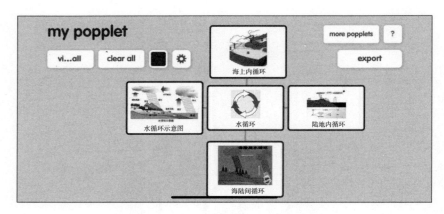

图 3-22　添加多个分支主题

完成分支主题的添加后，拖动"海上内循环"和"海陆间循环"板块至最右边，从而符合水循环的逻辑，如图 3-23 所示。

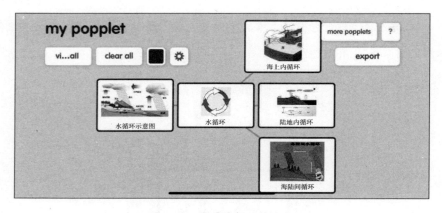

图 3-23　完成水循环的绘制

（4）应用案例

在此以小学语文统编教材四年级上册"普罗米修斯"一课为例，该课要求学生在理解课文大意的基础上，通过不同片段对普罗米修斯行为的描写，归纳总结出普罗米修斯的人物品质。在本节课"梳理课文，深入了解"的环节中，教师组织学生以小组为单位，利用 Popplet 绘制概念图。学生在绘制概念图的过程中，不断梳理课文内容，并深入了解文章大意，达成对知识内容的深度理解与掌握，如图 3-24 所示。

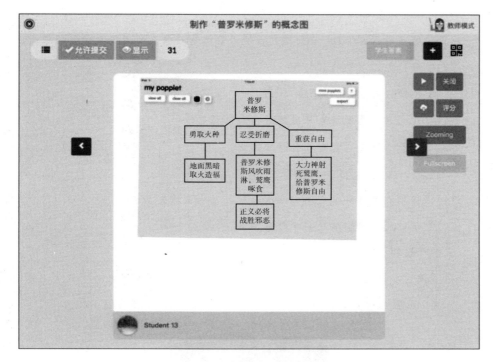

图 3-24　学生利用 **Popplet** 绘制概念图

三、 课堂知识可视化的教学案例

案例 3-1：小学五年级科学"火山探秘"

该案例选自 T 小学五年级科学司徒老师等人的可视化课堂教学实践。该课对标小学科学学科核心素养培养要求，以项目式学习理念和探究性学习理念为指导进行设计，融合多学科知识，以"为居住在活火山岛的人们提出合理的城市建设意见"为驱动性问题贯穿始终。通过模拟实验、AR 探究、观看影像资料等一系列的科学实践活动，可视化呈现火山喷发的过程，学生能探究火山喷发的原因，在多样化的实践活动中不断内化知识。

※**教学目标**

1. 科学观念目标

(1)知道地壳运动是火山喷发的原因。

(2)了解火山喷发对人类的影响。

2.探究实践目标

(1)能够通过模拟实验、AR探究、观看影像资料等，探究火山喷发的原因。

(2)能分析火山喷发的利与弊。

3.科学思维、态度责任目标

(1)对探究火山喷发现象保持好奇心和探究热情。

(2)具有基于证据发表自己见解的意识。

4.科学、技术、社会和环境目标

(1)认识到人类与环境之间相互影响和相互依存的关系。

(2)意识到面对火山喷发要趋利避害。

※**教学过程**

该节课主要包括"创设情境，任务驱动""拼图学习，协作建构""聚焦问题，深化探究"和"反思总结，拓展提升"四个环节。具体教学流程如图3-25所示。

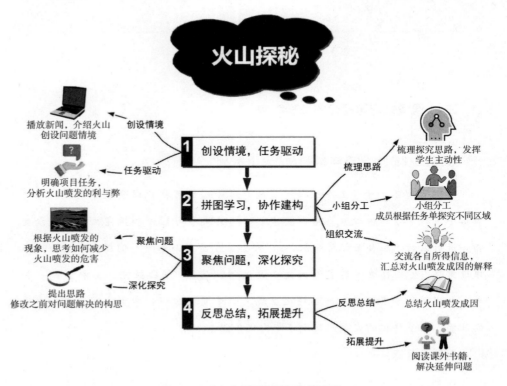

图3-25 "火山探秘"具体教学流程

1. 创设情境，任务驱动

教师播放近期日本火山喷发的时事新闻视频，引导学生关注火山，并通过分析火山喷发的利与弊，引发学生的认知冲突。同时，明确项目任务和项目成果形式，让学生带着问题开展探究。

2. 拼图学习，协作建构

教师提供模拟实验、AR探究和影像探究三种搜集信息的途径，可视化呈现火山喷发的情景和原理，并引导学生以小组为单位明确组内分工，根据学习任务单分头探究火山喷发的原理和过程，边探究边记录，组内交流后完成，最后通过小组交流，汇总对火山喷发成因的解释。

3. 聚焦问题，深化探究

在初步探究的基础上聚焦项目要解决的问题，教师引导学生聚焦思考问题：火山喷发时伴随着火山灰的飘散以及熔浆的流出，我们在火山岛城市规划时可以考虑从哪些方面来避害？教师让学生建立起对火山趋利避害的做法的初步构思，并思考如何规划火山岛城市。

4. 反思总结，拓展提升

学生以小组为单位总结火山喷发原因，建构火山岛城市的规划方案，并运用思维导图工具呈现方案设计。不同小组成员互相批评指教，提出质疑，完善思维导图。最后，提供与火山相关的科普书籍，通过阅读丰富对火山的认知。

※知识可视化的表征

1. 直观视觉表征

该节课主要运用模拟实验、AR探究和影像探究的方式，突破人为想象的壁垒，使得火山喷发的情境以可视化的方式呈现出来，为学生搭建探究支架，让学生在拼图探究活动中建构对火山喷发原理的认知，从而丰富学生的认知活动和认知体验。

2. 逻辑关系表征

该节课主要运用思维导图工具可视化呈现学生对于火山岛城市的规划方案，使得方案一目了然，有利于学生建立起对火山爆发的利与弊的系统认知，从而建构更为完善的规划方案。

第二节　课堂中的数据可视化

课堂教学过程中会产生大量数据。在技术支持下，这些数据以可视化形式及时、直观、全面地展现学生的课堂表现。数据可视化借助图像、图表、视频等，动态直观地呈现数据，帮助学生了解数据本身，并分析数据背后蕴藏的内涵。课堂中的数据可视化成为课堂动态调整的媒介，教师通过数据可视化理解数据应用与教学改进间的关系，学生通过数据可视化观测自身的学习表现。数据可视化可以应用在多种学科的课堂中，不仅能够以数据图像的形式展示教学内容，而且能够全面激发课堂技术应用的主动性和协同性，有利于教师诊断学情、调控教学。

一、数据可视化的表征方式

数据可视化的表征方式包括多维数据可视化、文本数据可视化、网络数据可视化、时间序列数据可视化、地理空间数据可视化等。在课堂中主要应用多维数据可视化和文本数据可视化。

（一）多维数据可视化

多维数据可视化指的是将多维的原始数据或处理后的数据进行直观呈现，使数据成为易于理解的二维或三维图形图像。①

1. 图表表征

图表表征是数据可视化的一个重要步骤。无序的数据首先通过整理形成有序、有规律且易于查找的表格形式。表格形式的数据呈现实际为一个"数据库"，相比文字能够更加概括性地描述出数据之间存在的关联和所要表达的内容，使得数据呈现简洁易懂。

例如，开放广东网站上公布了一组 2015 年至 2020 年广州市小学毕业生人数与小学生升学率的数据②：广州市 2015 年小学生毕业人数为 12.5 万人，小学升学率为 100％；2016 年小学生毕业人数为 13.3 万人，小学升学率为 98.39％；2017

---

① 戚森昱，杜京霖，钱沈申，殷复莲. 多维数据可视化技术研究综述[J]. 软件导刊，2015，14(07).

② 广东省人民政府办公厅.《广州市高中初中小学毕业生升学情况》[EB/OL]. https://gddata.gd.gov.cn/opdata/index? chooseValue = collectForm&id = 29000％ 2F 02700749，(2022-08-23)[2022-10-20].

年小学生毕业人数为 14.0 万人，小学升学率为 95.75%；2018 年小学生毕业人数为 13.9 万人，小学升学率为 97.72%；2019 年小学生毕业人数为 14.8 万人，小学升学率为 94.93%；2020 年小学生毕业人数为 15.7 万人，小学升学率为 96.36%。表 3-2 将文字中的数据可视化表征出来，更加直观化展现数据，使得数据清晰有条理。

表 3-2　广州市小学毕业生人数与小学升学率变化

区域	年份	小学毕业生人数(万人)	小学升学率(%)
广州	2015	12.5	100.00
	2016	13.3	98.39
	2017	14.0	95.75
	2018	13.9	97.72
	2019	14.8	94.93
	2020	15.7	96.36

2. 几何图表征

在教育研究中，直方图、雷达图，以及堆叠面积图等通常用来展现数据在各个维度上的分布。

直方图又称为质量分布图，分为简单直方图和复合直方图，主要表现的是比较数值大小与数据分布情况。简单直方图的横、纵坐标代表两个不同维度，通过垂直或横形柱状与数值成比例的关系来显示数据关系。例如，编号 1～10 的同学在某科目期末考试中的成绩如柱状图 3-26 所示。

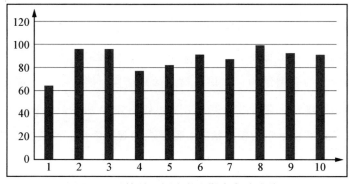

图 3-26　某科目部分学生期末考试成绩

复合直方图用多维垂直柱状展示数据情况。例如，艾瑞咨询2021年发布的《中国素质教育行业发展趋势洞察报告》①，利用复合直方图对不同阶段家长的子女课程参与情况进行了可视化呈现，如图3-27所示。

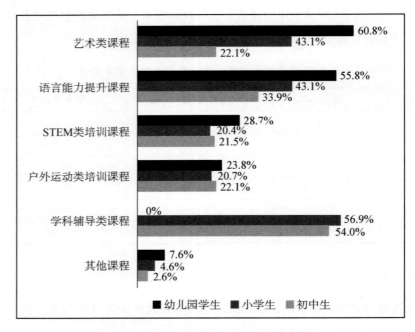

艺术类课程　60.8%　43.1%　22.1%

语言能力提升课程　55.8%　43.1%　33.9%

STEM类培训课程　28.7%　20.4%　21.5%

户外运动类培训课程　23.8%　20.7%　22.1%

学科辅导类课程　0%　56.9%　54.0%

其他课程　7.6%　4.6%　2.6%

■ 幼儿园学生　■ 小学生　■ 初中生

图 3-27　不同阶段家长的子女课程参与情况

直方图大多时候也会与折线图叠加使用，此类图形适用于至少一个制表单位与其他指标不一致的多指标面板数据的可视化，折线图相比直方图更能够直观反映出数据变化的趋势。例如，如图3-28所示，左边纵坐标展现的是小学毕业生人数，右边纵坐标展现的是小学升学率，横坐标为年份。这种叠加图清晰地展现了小学毕业生人数与小学升学率的关系。

雷达图能够为学生整体学情分析提供可视化。例如，陈宗荣将学生的学科学业水平指标划为题型结构、知识结构、认知结构、能力结构、难度结构等维度，用雷达图展现学生学业水平坐标图②，如图3-29所示。根据雷达图形状的饱满程度，可以看出学生的发展情况，便于教师观测学情，调整教学策略。

---

① 艾瑞咨询. 中国素质教育行业发展趋势洞察报告［EB/OL］. http://report. iresearch. cn/report/202106/3795. shtml，（2021-06-11）［2022-10-20］.

② 陈宗荣. 基于雷达图的学生学业水平评价技术［J］. 中国教育信息化，2015(22).

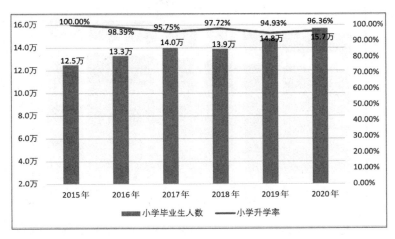

图 3-28 广州市小学毕业生人数与小学升学率变化图

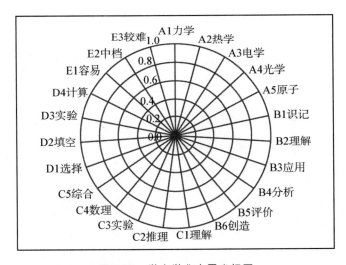

图 3-29 学生学业水平坐标图

堆叠面积图用于显示每个数值所占总数值大小随时间或类别变化的趋势，展示的是部分与整体的关系，图上的每一个总面积代表了所有的数据量的总和，是一个整体。例如，艾瑞咨询 2021 年发布的《中国素质教育行业发展趋势洞察报告》[1]，采用堆叠柱状图，说明 2013—2020 年中国 3～15 岁在校生的整体规模，如图 3-30 所示。

———————————

① 艾瑞咨询. 中国素质教育行业发展趋势洞察报告［EB/OL］. http://report. iresearch. cn/report/202106/3795. shtml，（2021-06-11）［2022-10-20］.

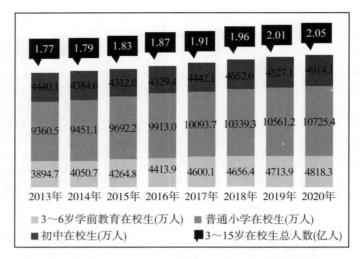

图 3-30　2013—2020 年中国 3～15 岁在校生的整体规模

3. 可视化大屏表征

可视化大屏综合了图表表征和几何图表征的优势，以大屏为主要的展示载体，进行多维数据的可视化呈现。它支持连接多个终端，旨在把复杂且抽象的多维数据通过简单明了的可视化方式展现出来，一方面，能够直观生动地表达数据中的内在信息，促进数据的高效传播；另一方面，能够帮助教师和学生快速掌握数据中的某种规律，能有效利用数据。

例如，H 小学基于自动借阅设备打造了分布式泛在阅读空间，教师可以通过可视化大屏查看学生每天借阅的次数和数目类别，从而更加全面地了解学生的阅读需求，并基于可视化大屏有针对性地给予具体的阅读提升建议，具体如图 3-31 所示。

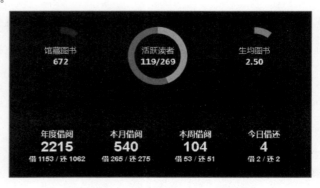

图 3-31　H 小学智慧阅读态势图(局部)

D中学利用可视化大屏开展学生大数据管理，主要通过实时数据统计和查询，多场景、全方位可视化呈现学生的规模个性化成长情况。学生通过可视化数据大屏可以清晰地了解到自身学习情况及与同伴的差异，进而激发学生学习的内驱力，促进学生精准提升学习薄弱处；教师则可以基于可视化数据大屏，动态掌握学生学情，弹性调整课堂教学环节，进而有效提升课堂教学效率和质量，促进学生的全面发展，如图3-32所示。

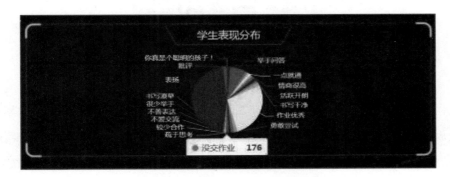

图 3-32　D中学区域教学大数据(局部)

(二)文本数据可视化

文本数据可视化是指通过对文本资源的分析，发现特定信息，并用计算机技术将其以图形化方式呈现出来的一种方法。[①] 文本数据可视化包括基于词频的文本数据可视化、基于篇章内容的文本数据可视化与基于时间序列的文本数据可视化等。课堂中，主要应用基于词频的文本数据可视化和基于篇章内容的文本数据可视化。

1. 基于词频的文本数据可视化

基于词频的文本数据可视化主要是将教育文本看作词汇的集合，用词频的高低展现文本特征，从而对文本内容进一步挖掘。例如，郑娅峰采用标签云的方法将在线协作学习中生成的高频词按照图片属性进行可视化[②]，生成词云图，如图3-33所示。

① 赵琦，张智雄，孙坦. 文本可视化及其主要技术方法研究[J]. 现代图书情报技术，2008(08).

② 郑娅峰. 面向自动化的在线协作讨论多维分析模型与方法研究[D]. 北京：北京师范大学，2017.

图 3-33　数据结构在线课程讨论词云图

2. 基于篇章内容的文本数据可视化

　　基于篇章内容的文本数据可视化是将教学文本内容通过计算语言学的技术，生成文本关系概览图，学生能够通过文本关系概览图迅速发现文本中的主要任务。如图 3-34 所示为以"bird"为中心的篇章内容文本可视化图形，按照词语在文章中出现的顺序、频率以及语义关系，通过 NLPWin 计算阅读线索并绘制，帮助学生快速了解文本内容，梳理构建出以鸟为中心的列表。①

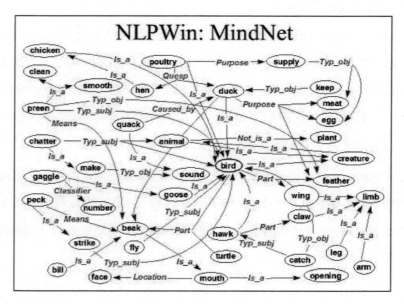

图 3-34　以鸟为中心的篇章内容的文本数据可视化

---

　　① 微软研究院自然语言处理技术 NLPwin 的文本数据可视化示例［EB/OL］. https://www. microsoft. com/en-us/research/project/nlpwin/，［2022-10-20］.

二、 课堂数据可视化的步骤

课堂教学中会产生大量的数据，数据可视化的一般流程为数据采集、数据准备、数据处理与可视化表征四个环节。[1]

（一）数据采集

数据采集即通过一些智能设备或应用收集师生在课堂中的表现数据，主要包括行为数据、言语数据、学业数据与脑数据等。行为数据主要包括学生抬头率、学生举手次数与学生趴桌子次数等针对学生课堂行为次数的统计；言语数据主要包括教师提问内容、学生回答内容与教师讲课内容等针对课堂中产生的言语文本分析；学业数据主要包括作业和考试的数据，具体为考试中题目的得、失分情况，作业中的错题情况，考试均分、最值成绩、成绩全貌等针对学生学习绩效的数据统计；脑数据包括学生的兴奋点、兴趣点与学习态度等。针对学生的情绪波动分析数据，教师要通过各种手段收集课堂中产生的各种数据，借助智能技术处理、分析数据信息，从而挖掘更深层的教学信息。

（二）数据准备

数据准备主要是对于前一阶段收集到的大量教育数据进行有针对性的筛选，保留具有实际意义的有价值数据，剔除无意义的冗杂数据，最终将有价值数据汇总至数据库中。由于数据准备直接决定数据处理后的效果，所以在数据准备这一步要着重注意数据筛选的质量。

（三）数据处理

通过数据可视化技术，将收集到的数据进行处理，处理的内容包括制定数据处理规则、清洗数据和整理、平滑噪声等[2]，深入挖掘数据之间的关系，从多种角度分析数据，比如分析学生个人成绩与班级平均成绩的趋势，从而进行决策处理。

---

[1]　章勇. 教育信息化中数据处理与数据可视化研究［D］. 华中师范大学，2015.

[2]　吴蓓，于纯浩. 浅论数据可视化技术在教学中的应用［J］. 吉林工程技术师范学院学报，2019，35(06).

（四）可视化表征

数据经过上述处理步骤后，最终通过可视化技术表征出来，使得师生直观、简洁地抓取复杂数据中隐藏的联系，以助力教学评价的精准进行，促进有效教学的良性循环。

三、 课堂数据可视化的支持工具

本书根据上述课堂中数据可视化的具体表征类型，主要介绍几种能够支持课堂数据可视化的工具，见表 3-3。

表 3-3　支持课堂数据可视化的工具

类别	工具名称	图标
多维数据可视化	ClassDojo	
	Excel	
	智学网	
文本数据可视化	凡科快图	

（一）ClassDojo

1. 介绍

ClassDojo 是一款基于学生行为数据可视化的课堂行为管理工具 App，能够帮助教师管理课堂，改善学生课堂行为表现。在家校交流方面，ClassDojo 为老师和学生家长搭建了一个实时沟通交流的平台，以可视化的形式呈现学生的日常状态，家长可以直观地了解学生在学校的学习、成长等各方面的表现。计算机搜索"ClassDojo"即可获得。

2. 特征

ClassDojo 具有即时呈现、数据可视等特征。老师可直接将学生的学习和活动日程安排表发送给家长，家长也可实时了解到学生在学校的各方面情况，比如看到学生参与的学校活动和作业任务等。此外，ClassDojo具有独特的积分制度管理系统，教师可通过这个系统可以对学生的正面行为进行及时有效的表扬、鼓励。鼓励将通过点数的形式赋予学生。系统会自动生成可以量化的可视化数据，让教师、家长都能掌握学生在校的情况和进步的幅度。

3. 操作示例

ClassDojo的操作界面如图3-35所示。

图 3-35 ClassDojo 主界面

在此进行操作示范，展示ClassDojo平台的基本操作。点击网站进入后，选择适当的身份注册。ClassDojo平台提供四种用户身份，包括教师、家长、学生和学校领导，不同用户可以选择对应的身份注册，如图3-36所示。

以教师身份注册成功后，可以直接进入设置班级页面。步骤为选择学校、创建班级、添加学生等一系列操作。其中，"添加学生"步骤支持手动添加和列表导入。

另外，可邀请家长关注班级管理。在创建班级的最后一步，系统会自动生成ClassDojo的邀请函。教师通过邮件邀请家长关注班级，即时获得学生的课堂表现动态，如图3-37所示。

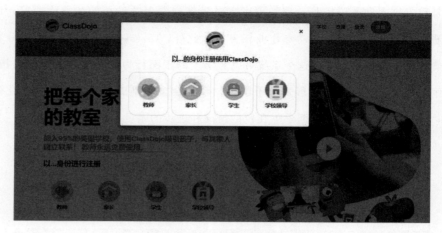

图 3-36　ClassDojo 注册页面

图 3-37　ClassDojo 邀请家长、学生界面

　　创建完班级后，通过相应的操作可以对学生实现课堂分组、出勤统计、即时嘉奖、积分统计等课堂管理。此外，学生的所有课堂表现和行为数据都会以可视化的形式展现，方便家长、教师直观查看情况，如图 3-38 所示。

图 3-38 ClassDojo 班级管理页面

4. 应用案例

在班级管理中，教师能够使用 ClassDojo 实时评估学生的行为表现，如图 3-39 所示，上方为学生姓名，下方可以根据该学生的课堂表现，对学生行为进行加减分评估，从而反馈给学生，帮助学生改善课堂行为表现，促进学生良好课堂行为习惯的养成。在教师对每个学生的课堂行为表现进行评估之后，ClassDojo 能够自动生成"行为报告"，即能够包括整个班级或单个学生在某一段时间内（时间段可自定义）的全部行为数据，ClassDojo 将课堂行为数据与学生的自我表现高度关联，不仅能够帮助学生调整自身的学习行为，而且能够帮助教师完善教学策略，促进教学相长。

图 3-39 ClassDojo 的管理界面

（二）Excel

1. 介绍

Excel 是平时使用频率较高的数据处理软件，不仅能够制作表格和统计数据，而且能够实现数据可视化分析。Excel 具有丰富的数据处理函数和绘制图表功能，能够与 Internet 网络共享数据资源，快速、精准地处理数据。应用市场搜索"Excel"下载即可获得。

2. 特征

Excel 具有易操作、兼容性强等特征。学生可以根据不同的数据类型对数据进行筛选、排序、计算、可视化表示等一系列操作，十分便捷，如图 3-40 所示。

图 3-40　Excel 的数据处理操作界面

3. 操作示例

Excel 的操作主界面如图 3-41 所示。

图 3-41　Excel 主界面

在此通过可视化各班级的人数案例，进行操作示范，展示 Excel 的数据可视化功能。第一，整理数据，调整数据结构，如图 3-42 所示。

第二，选中数据区域，根据数据类型，插入相应的图，此处选择二维柱形图，如图 3-43 所示。

	A	B
1	班级	人数
2	1	34
3	2	32
4	3	36
5	4	38
6	5	32
7	6	34
8	7	30
9	8	37
10	9	38
11	10	30

图 3-42　Excel 数据整理界面

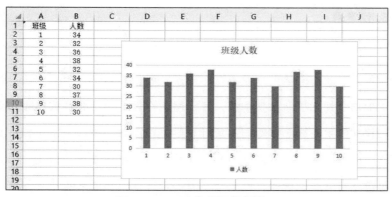

图 3-43　Excel 数据可视化界面

4. 应用案例

以小学数学《扇形统计图》为例，本节课旨在通过对扇形统计图的学习，使得学生能从扇形统计图中获取所需要的信息，并能够对信息进行简单的分析，不断增强学生的统计意识，让学生感受到统计的价值。教师在"情境导入，新知教授"教学环节中，通过 Excel 展示水果的种类及其对应数量，生成扇形统计图，并让学生根据扇形统计图说出数量最多的水果是什么，有几个？哪两种水果的数量相同？通过创设真实问题情境，学生直观感受到扇形统计图的特点，感受到数据之间的关系，如图 3-44 所示。

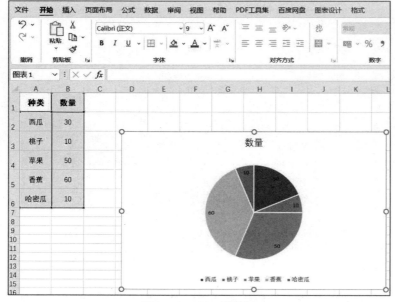

图 3-44　Excel 饼状图

(三)智学网

1.介绍

智学网是一款面向学生作业考试、根据发展性教与学评价需求所推出的基于教育大数据个性化辅助教学系统。智学网能在教学中为我们提供精准数据分析报告,比如学生在线学习时间的统计、学生作业完成情况、学生作业订正情况,等等。另外,无论是班级平均分、优秀率、及格率等统计数据,还是学生总分、每道题得分及正确率、标准分换算等,智学网都能够可视化呈现。应用市场搜索"智学网"下载即可获得。

2.特征

智学网具有平台稳定,功能强大等特征,可支持大型联考、年级考试等各种类型考试场景。其平台稳定,最大可承载1000万人次试卷/日,且测评不限地点。另外,智学网可提供联考报告、年级报告等可视化数据报告辅助教师精准分析学情、动态调整教学需求。

3.操作示例

智学网主界面如图3-45所示。

图 3-45 智学网主界面

在此网进行操作示范,展示智学网平台的关键操作。

(1)智能组卷、制卡

智学网中可选择各学科的优质试题资源,教师可从学情组卷、专项组卷、同步组卷、知识点组卷、模拟组卷、导入 Word 组卷六种组卷方式中选择一种，对标需求进行组卷，并且可自动生成在线考试答题卡，如图 3-46 所示。

图 3-46 智学网智能组卷界面

（2）考试管理

智学网中可智能设置答题卡模板、多种阅卷任务分配方式、成绩发布方式等，让考试更加便捷，如图 3-47 所示。

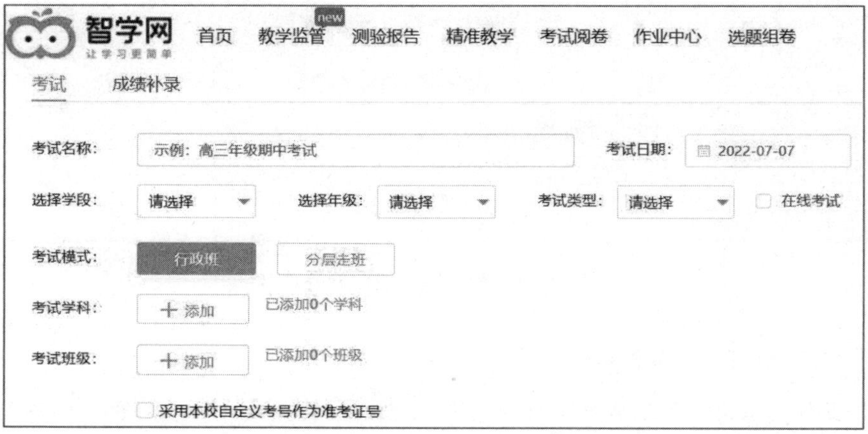

图 3-47 智学网考试管理界面

（3）在线作答

教师发布试卷后，学生通过手机、Pad等设备进行答题，客观题在线作答，主观题线下作答，拍照上传。时间结束，系统自动提醒交卷，如图3-48所示。

图 3-48　智学网在线作答界面

（4）在线阅卷

智学网中，客观题系统自动评分，主观题上传后教师线上批阅。教师可对试卷进行标记，方便学生查看作答情况，使过程数据可视化，如图3-49所示。

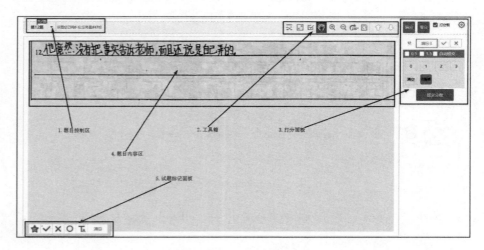

图 3-49　智学网在线阅卷界面

（5）形成可视化分析报告

此外，系统自动生成各类评价分析报告，报告包含15个维度，80多个指标，让在线考试、线下考试数据可视化呈现，如图3-50所示。

考试情况概述—全科

总人数	考试满分	实考人数	缺考人数	满分人数	满分率	零分人数	零分率	最高分	最低分	平均分	中位数
2932	750	2864	68	0	0%		0%	557.5	21	254.77	253
众数	全距	方差	标准差	Z分数	T分数	标准9分	差异系数	超均率	比均率	离均差	
217，88	536.5	12002.32	109.56	-	-	-	0.43	-	-	-	

各学科对比情况

科目	满分	实考人数	缺考人数	最高分	最低分	平均分	标准差	差异系数	难度	信度	鉴别指数（区分度）
语文	150	1911	54	113	10	68.54	24.5	0.36	0.46	0.07	0.4
数学	150	1857	55	129	1	76.25	17.93	0.24	0.51	0.51	0.29
英语	150	1855	70	144.5	21	101.14	18.67	0.18	0.67	0.56	0.3
理综	300	1857	36	260	12	147.04	41.71	0.28	0.49	0.74	0.34
物理	110	1857	36	99	4	47.5	18.2	0.38	0.43	0.49	0.41
化学	100	1857	36	97	2	50.83	17.35	0.34	0.51	0.45	0.43
生物	90	1857	36	89	2	48.79	14.86	0.3	0.54	0.43	0.41

图 3-50 智学网分析报告界面

4. 应用案例

在课堂教学中，智学网通过收集到的数据关注学生在学习过程中的各环节表现，能够让教师了解到学生学习的时间长度、完成每一题的时间长度、每一个知识点的掌握程度等。[①] 该系统操作简便，教师能够快速掌握本班学生的学习状况，从而对自身的教学状态与教学进度进行调整。除此之外，智学网还提供简洁直观的数据分析报告，帮助教师与教育管理者精准决策，如图 3-51 所示，为智学网某班级某科目成绩数据概览图。

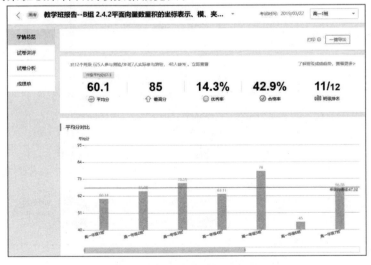

图 3-51 某班级某科目成绩数据概览图

---

① 孙伟煌. 浅谈智学网大数据下的精准教学策略[J]. 考试周刊，2020(56).

(四)凡科快图

1. 介绍

凡科快图是一款在线图片快速编辑的设计软件,能够为学生提供海量设计模板。它具体的功能包括:AI抠图、AI图片修复、AI词云、AI设计、AI传图改字等。AI词云工具能够帮助教师对于学生在线讨论的内容进行基于词频的文本数据可视化,简单分析学生在线讨论的内容重点。

2. 特征

凡科快图最大的特征就是便捷、易处理,能够为学生提供大量的图片设计模板以及图片处理工具,帮助学生迅速设计、调整、处理图片。凡科快图只是一个网站,不需要下载应用程序即可使用,极大程度上简化了设计、调整、处理图片的流程,充分体现了便捷性。此外,凡科快图的操作非常简便,通过"选择模板—修改文案—下载图片"三步即可获得处理好的精美图片。基于以上几种特性,凡科快图非常适合教师在繁忙的工作中使用,能够帮助教师提升教学资源的质量。

3. 操作示例

凡科快图的操作界面如图 3-52 所示。

图 3-52　凡科快图操作界面

在此通过"制作词云图"一例,进行凡科快图的操作示范。首先,点击工具箱中的"AI 词云",界面如图 3-53 所示。

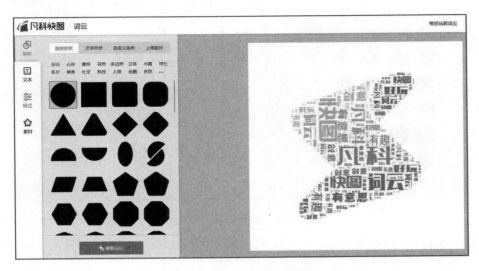

图 3-53　AI 词云图操作界面

其次,点击"文本"图标,选择"批量导入文本",将需要分析的文本内容,复制进弹出的文本框,如图 3-54 所示。

图 3-54　AI 批量导入文本内容

再次,点击"形状"图标,挑选合适的形状与颜色,再点击如图 3-55 下方橙色图标"刷新词云",生成右边的词云图。

最后,点击右上角图标"下载",选择图片清晰度等选项,如图 3-56 所示,导出词云图。

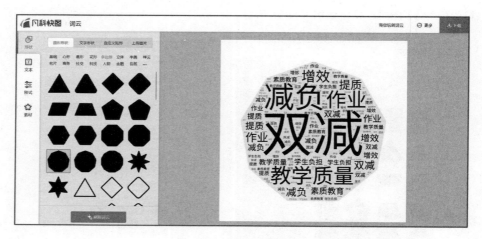

图 3-55　选择形状、颜色

图 3-56　导出词云图

4. 应用案例

词云图在阅读课中具有重要的作用，能够帮助学生快速把握段落主旨大意，厘清文章的框架结构，在此基础上对阅读前的预设或教师提出的问题进行快速验证。如图 3-57 所示，学生通过词云图上的单词显示，能够快速把握第二段的主旨句正是段落首句："Native English speakers can understand each other even if they don't speak the same kind of English."。

图 3-57　英语阅读段落词云图

四、 课堂数据可视化的教学案例

案例 3-2：四年级数学"条形统计图"第一课时

该案例选自 L 小学四年级数学王老师的可视化课堂教学实践。该堂课的主要内容是认识条形统计图。结合单元主题，该堂课以可视化教学理念和探究性学习理念为指导进行设计，其教学目标，教学重点难点和教学过程设计如下。

※确定目标

1. 初步认识条形统计图，了解其组成，看懂其信息，体会其特点。

2. 能根据统计图中的数据回答并提出简单的问题，能够自主解决问题，并体会数据中的隐性信息，进一步做出预判。

3. 经历简单的数据收集、整理、描述和分析的过程，体会条形统计图在现实生活中的作用，理解数学与生活的密切联系。

※确定教学重点、难点

1. 教学重点

(1)认识条形统计图的形成过程及其特点。

(2)从条形统计图中收集、选择、分析相关信息和数据，从而灵活、合理地解决问题。

2. 教学难点

体会数据中的隐含信息，联系实际，进一步做出有理有据的判断和决策。

※教学过程

该节课主要包括"创设情境，唤醒旧知""合作探究，内化新知""联系生活，迁移应用""分层作业，个性提升""总结反思，情感升华"五个环节，具体教学流程如图 3-58 所示。

1. 创设情境，唤醒旧知

教师引入"创建文明城市"知多少综合实践活动中的手抄报创作情境，向学生展示在课前收集到的"学生最喜爱的手抄报"投票结果，展现数据结果的两种方式：统计表和象形统计图。通过呈现数据统计的两种方式，教师引导学生对比统计表和象形统计图的各自优势。

图 3-58 "条形统计图"具体教学流程

2. 合作探究，内化新知

教师借助智能设备及学习平台向学生推送有关条形统计图新知识的微课视频，引导学生通过小组讨论、交流、对比三种不同整理数据的方式，突出条形统计图的优势。学生通过自主交流在条形统计图上能找到的数学信息，理解几种条形统计图的特点，内化新知。

3. 联系生活，迁移应用

教师联系学校图书馆已建成这一实际情况，抛出问题：同学们认为应该多引进哪些类别的书呢？并向学生推送投票问卷，让学生自主参与投票环节，在实际生活中感受数据，如图 3-59 所示。

教师通过数据可视化的形式展示投票结果，引导学生将统计表转化成条形统计图，帮助学生巩固条形统计图的相关知识概念。

图 3-59 "本班同学推荐书籍情况"投票结果

4. 分层作业，个性提升

教师为学生推送基础、进阶、综合应用题，通过数据可视化展示学生做题结果。教师实时评价学生学习成效，讲评综合应用题，如图 3-60 所示。

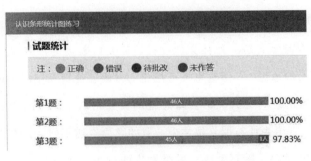

图 3-60 数据可视化展示学生做题结果(局部)

5. 总结反思，情感升华

教师总结本节课学习的内容，并播放 1978 年以来全球 GDP 排名前十的国家变化情况视频，将中国的发展可视化表现出来，引导学生在认识条形统计图的同时，也为祖国的日渐强大而感到自豪，培养学生的爱国精神，使学生拥有家国情怀。

※**数据可视化的表征**

该节课中，教师依托智能教学平台诊断和分析学生的学习情况，组织学生小组协作探究，从而对数据分析教学目标及过程进行多元评价。课中，教师首先为学生推送基础、进阶、综合应用题；然后通过做题情况的数据可视化结果监测学生学习成效；最后，以可视化的形式给学生讲评错误率较高的题目，助力学生知识内化。

第三节 课堂中的思维可视化

思维的过程通常是不可见的，需要用可视化的方式将其呈现出来。① 课堂中的思维可视化即指运用思维可视化技术，通过整理、加工隐性的思维结构和思维过程，有效地传播和帮助学生建构知识，训练学生掌握并挖掘知识背后的思维规律，以提升课堂教学效能及促进学生思维能力的发展。②

一、 思维可视化的表征

课堂中的思维可视化属于内隐思维外显的表征体系，其具有四种典型的表征形态，分别为言语表征、肢体表征、图像表征和媒介表征。③

(一)言语表征

思维在很大程度上是一种社会性过程，需要以表述的形式呈现出来，才能最终内化为个人的思想。④ 课堂思维可视化的言语表征旨在用语言的形式，清晰传达出学生独特的思考方式。语言与思维的关系密切，语言的逻辑即思维逻辑的有效体现。⑤ 言语表征与课堂教学中一般的言语表达不同，只有引发了师生或生生之间的深度互动、探究生成、思维发生的行为，才是真正意义上的言语表征。言语表征试图将思维训练与深度学习有机地集合在一起，以构建"创设情境—引发思考—促进互动"的交流模式，在师生、生生之间的有效互动中，促成

---

① 赵慧臣，王玥. 我国思维可视化研究的回顾与展望——基于中国知网 2003—2013 年论文的分析[J]. 中国电化教育，2014(04).

② 王志军，温小勇，施鹏华. 技术支持下思维可视化课堂的构建研究——以小学语文阅读教学为例[J]. 中国电化教育，2015(06).

③ 丁紫晴，代建军. 思维可视化教学的表征研究[J]. 教育理论与实践，2019，39(04).

④ Robert J. Sternberg，Louise Spear-Swerling. 思维教学[M]. 赵海燕，译. 北京：中国轻工业出版社，2001.

⑤ 石中英. 知识转型与教育改革[M]. 北京：教育科学出版社，2001：374.

课堂教学中积极、深度的探究与交流合作，继而利用思维技能持续加深知识学习的深度，大大提高课堂教学的效能。[①]

(二)肢体表征

课堂思维可视化的肢体表征是基于学习者表情、仪态和肢体而生成的一系列动作，其将大脑中的思维过程以丰富的艺术形式"表演"出来，是实现知识演绎与肢体创造相结合的有力途径。[②] 肢体表征作为戏剧性的思维外显方式[③]，有助于在课堂教学中有效激发学习者的积极性和投入度，以"设计场景—主导情节—注意细节—创设表演"等方式实现课堂思维的外显，强化学习者学习新知识、面对新问题的直觉性思维，大幅提升学习者的学习力、表演力和创造力，拓宽其认知结构和思维深度，最终实现学习者的自我飞跃。

(三)图像表征

俗话说："一图胜千言。"在如今这个知识大爆炸的时代，图像相较于文字，更能缩减知识数量、精炼知识体系，并且能够进一步系统、清晰地展现知识与知识之间的内在逻辑关系。图像表征作为课堂思维可视化的典型表征形态，是一种能够实现课堂"知识"向"思维"转变的有效策略。[④] 图像表征以某个知识点作为思维对象，以文本、线条、颜色、图式等表现形式，在智能化工具的支持下，根据课堂教学需求形成多种组合方式，形成一定的、有意义的图像表达和视觉冲击，以帮助学习者分清主次，并抓住课堂教学知识点中主要的思想与内在联系，推动学习者在课堂学习的过程中逐渐超越自身思维局限。

(四)媒介表征

在当前的时代背景下，媒介表征作为辅助课堂教学的一种变革性的教与学手段，加快了从演示性多媒体时期的大规模教与学转向智能条件下的个性化教

---

①　Robert J. Sternberg，Louise Spear-Swerling. 思维教学[M]. 赵海燕，译. 北京：中国轻工业出版社，2001.

②　丁紫晴，代建军. 思维可视化教学的表征研究[J]. 教育理论与实践，2019，39(04).

③　肖晓玛. 杜威学校的教育戏剧特色探略[J]. 教育评论，2014(11).

④　彭亚飞. 读图时代[M]. 北京：中国社会科学出版社，2011.56.

与学之间的进程。① 媒介表征借助智能技术，融合学习者的学习经验、认知模式以及真实生活情境等，利用有机集成的、动态的、形象且开放的动画与视频等方式，灵活呈现抽象思维与问题解决的过程，以期为学生提供一种习得知识、解决问题的思维方式。媒介表征注重在学习者已有知识的基础上，充分发挥智能技术的作用，以逐步改善其旧的认知结构并生成新的认知模式，同时拓宽学习者自身的思维面，形成其独特的思考方式。

二、 课堂思维可视化的支持工具

课堂思维可视化不是为了可视化而可视化，而是在顺应学习者原始思维的基础上，对思维的内在逻辑与其规律进行深度探究，厘清思维的脉络，综合形成学习者个体特有的思维过程。课堂思维可视化的支持工具众多，本书主要介绍思维导图、概念图和思维地图三种典型的课堂思维可视化工具，见表3-4。

表 3-4　课堂思维可视化工具

类别	工具名称	图标
思维导图	XMind	
	GitMind	
概念图	Inspiration	
	Visual Paradigm Online	

（一）思维导图

思维导图由英国心理学家东尼·博赞于 1970 年所创，其源自脑神经生理的

---

① 尹晗，张际平. 思维可视化视角下的未来课堂架构研究［J］. 远程教育杂志，2016，35(02).

学习互动模式，是一种将发散性思维可视化的思维工具。① 思维导图使用一个中心关键词，以多条辐射线连接多个概念、任务、想法等方面的表达词语，以层级图式的结构呈现词语之间的关联。② 它是一种发散性思维的外显，在学习、教学、科研等方面都具备较强的实用价值。思维导图的绘制方法通常分为两种：一种是手绘型思维导图，另一种是电脑软件绘制型思维导图，常用的软件有 XMind、GitMind 等。

1. XMind

（1）介绍

XMind 是一个全功能的思维导图和头脑风暴软件，为激发灵感和创意而生，能够稳定运行在 Windows、Mac、Linux 等平台上，并支持跨平台运作。XMind 可以将抽象的思维转换成可见的、可执行的计划，以"分支＋整合"的形式，实现"想到"和"做到"的有机融合，推动思维真实的落地。XMind 利用思维导图可以通过连接线条、插入图片、标注关键字等方式，实现知识的可视化和结构化。

（2）特征

XMind 提供了多种结构图，如思维导图、逻辑图、组织结构图、树形图、时间轴、鱼骨图、矩阵图等。并且，这些结构形式之间可以相互转换，不受限制。其文件扩展名为 XMind。XMind 是一种开放的文件格式，可以保存为多种格式，如 PNG、PDF、WORD、PPT 等。此外，XMind 充分考虑到学生已绘制的资源与习惯，支持导入 MindManager、FreeMind 中的数据文件，能够有效集成不同的思维导图软件附带的相关资源和信息，不用再多次浪费时间，重复绘制思维导图，给予学生极大的使用便利。XMind 允许混用多种思维结构，能够有效结合多种不同的结构图，以多种视觉化的思维呈现方式，助力学生进行复杂、深度的对比与分析，更加直观地进行思维记录和发展。

（3）操作示例

XMind 的操作界面如图 3-61 所示。

---

① Novak，J. D.，Gowin，D. B. 1984. Learning how to learn. New York：Cambridge University Press.

② 华晓宇，陈国明. 应用视角下思维导图软件的比较与选用策略[J]. 现代教育技术，2016，26(01).

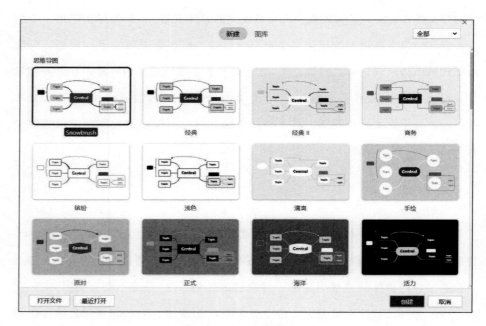

图 3-61　XMind 操作界面

在此以创建多级主题思维导图为例，展示 XMind 的基本操作。新建思维导图可以通过创建空白图，或者选择已有主题创建，也可以在图库里选择模板创建，如图 3-62 所示。

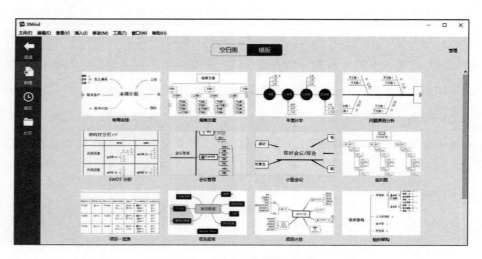

图 3-62　XMind 选择模板界面

在添加各种主题时，可通过按键盘上的 Tab 键在分支主题下添加子主题，按回车键添加同级别主题，双击空白处添加自由主题，如图 3-63 所示。

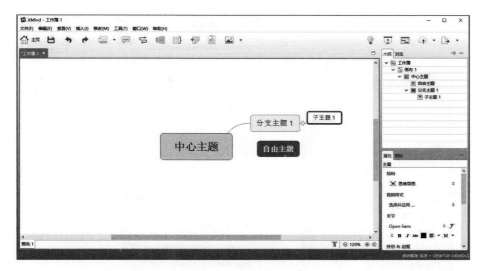

图 3-63 XMind 添加主题

添加联系、外框、概要、笔记、标签、附件、超链接等元素的操作需要选中主题，然后在工具栏中点击对应的按钮，如图 3-64 所示。

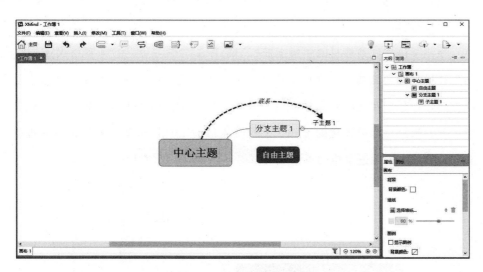

图 3-64 XMind 添加联系

在软件窗口右侧的格式面板的属性中更改画布等，如图 3-65 所示。

最后将文件分享和导出，XMind 支持导出 PNG、PDF、Excel、Word 等文件格式，也可以用邮件、印象笔记等将思维导图分享出去，如图 3-66 所示。

图 3-65　XMind 更改属性

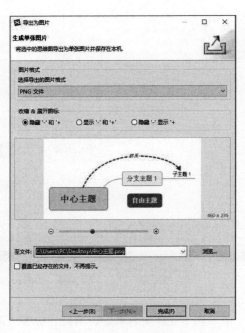

图 3-66　XMind 导出与保存

（4）应用案例

在小学语文统编教材四年级上册《长城》一文的学习中，教师利用 XMind 为学生提供带有主题词及部分提示信息的思维可视化导图，引导学生抓住重点思考方向；在分享课文收获和体会时，教师引导学生借助思维导图讲述和回顾思考过程；通过思维可视化的方式，帮助学生借助工具梳理文章的知识点并提炼文本关键内容，促进学生的思维发展与提升，如图 3-67 所示。

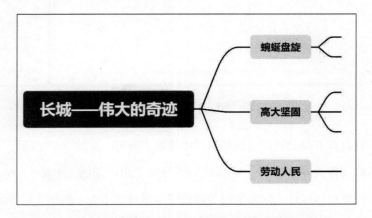

图 3-67　学生利用 XMind 软件进行名词思维导图的绘制

2. GitMind

（1）介绍

GitMind 是一款汇集头脑风暴、思想共创、规划、构建、管理、决策等多种功能于一体的思维导图软件。该软件除了可以绘制思维导图、组织架构图、鱼骨图等外，还支持绘制类图、泳道图、ER（实体关系）图以及拓扑图等十多种不同类型图，基本能覆盖日常的绝大多数制图需求。软件可实现实时自动保存，学生制作过程中无须担心文件的丢失问题。同时，GitMind 支持在线操作，学生只需在浏览器打开相应网站即可使用。

（2）特点

GitMind 是一款完全基于云端的在线思维导图软件，可以采用大纲编辑的方式自动生成思维导图，支持计算机、手机、Pad 等多端设备同时使用，并且数据更新实时同步。其中涵盖了各行各业海量的内容模板，即点即用，极易上手。GitMind 作为一款在线思维导图绘制工具，具备所有基于云端的工具都具备的全新优势，除云端同步之外，还支持实时保存、多人实时协作等。在 GitMind 中，我们可以一键分享链接给好友或在 GitMind 里建立小组以进行多人协作，实现思维碰撞，共创共生。

（3）操作示例

其操作方式与 XMind 类似，具体操作界面如图 3-68 所示。

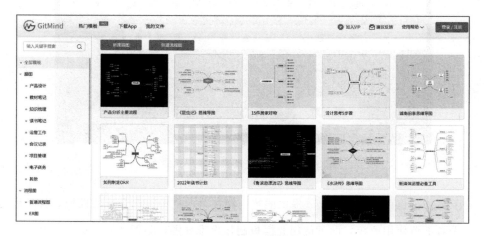

图 3-68 GitMind 操作界面

在此以创建章节目录"脑图"为操作示范，展示 GitMind 的基本操作。进入主界面后选择"新建脑图"。选中中心主题点击鼠标右键，会自动弹出添加下级节点、添加同级节点等操作按钮，点击添加下级节点可以新增下级节点，点击添加同级节点可以新增同级节点，如图 3-69 所示。

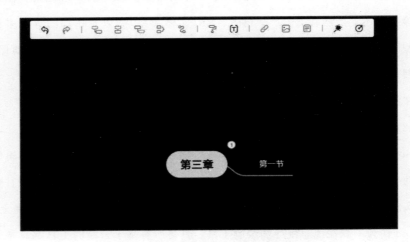

图 3-69　GitMind 添加新增节点展示界面

选中主题，双击鼠标左键，即可对文本进行快速编辑。在界面的上方选择 T 图标，可以对文字进行变换字体、加粗、变斜、添加下划线、添加删除线、调整字号、修改字体颜色、修改背景颜色等，如图 3-70 所示。

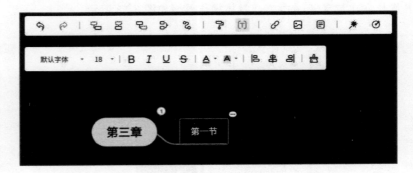

图 3-70　GitMind 修改文本样式界面

另外，也可以在 GitMind 提供的热门模板菜单栏中挑选合适的模板，打开后点击右上角使用模板，即可使用此模板制作思维导图，如图 3-71、3-72 所示。

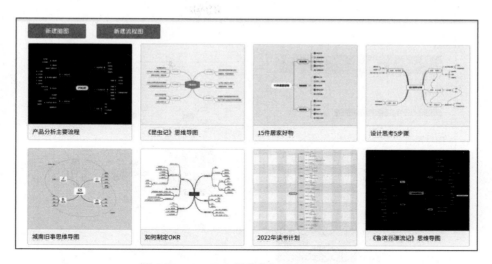

图 3-71　GitMind 新建热门模板展示界面

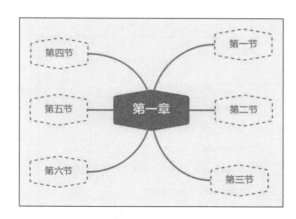

图 3-72　GitMind《昆虫记》模板

　　如需更换主题，可在打开文件后，在界面右边菜单栏的主题按钮中选中合适的主题类型，即可快速换主题，如图 3-73 所示。

　　通过点击"布局"，导图可在 7 种布局中任意切换，如图 3-74 所示。

　　在操作界面右上角，点击导出，选择导出格式，即可导出保存文件，如图 3-75 所示。

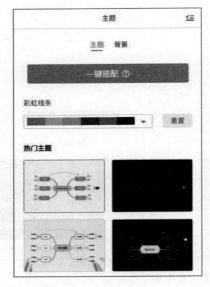

图 3-73　GitMind 切换主题

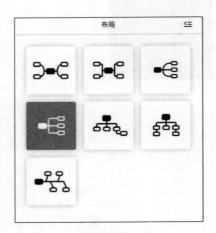

图 3-74　GitMind 切换布局

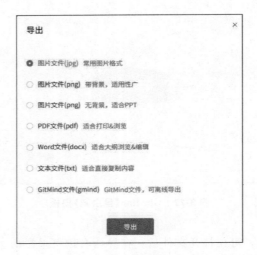

图 3-75　GitMind 导出文件

（4）应用案例

在中学语文《朝花夕拾》的学习中，教师可以利用 GitMind 按照作者生平、主要内容、有趣事件和关键人物等方面引导学生绘制可视化思维导图，使学生更好地厘清文章的脉络，如图 3-76 所示。在课堂总结与教学中，学生可以从可视化思维导图出发，把握文章的写作思路以及作者所要表达的感情。学生在自主绘制文章思维导图的过程中，能进一步加深自己对文章的理解与思考；在与同伴进行交流讨论时，也能够更加直观地检查自己对文章的理解是否全面，从而实现更加高阶和深度的学习。

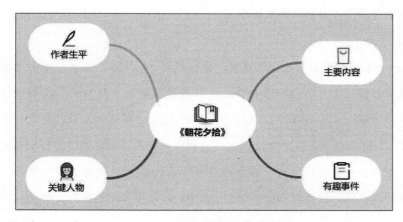

图 3-76 《朝花夕拾》思维导图

(二)概念图

概念图是美国等人提出的用于增进教学理解的有效工具[①]，其主要以图示组织和结构化知识的形式呈现概念与概念之间的联系，进而有效助力学习者的学习。概念图有四个核心要素，分别为概念（Concepts）、命题（Propositions）、交叉连接（Cross-Links）和层级结构（Hierarchical Frameworks）。当使用概念图时，需将某一主题的相关概念置于圆圈或方框之中，接着用连线连接其余相关概念和命题，并在连线上标注两个概念或命题之间的意义关系，其常用的表达工具包括Inspiration、Visual Paradigm 等。

1. Inspiration

（1）介绍

Inspiration 界面直观易用，广泛应用于语言艺术、科学、社会研究以及任何的思维构建过程当中。该软件虽为英文版，但仅需了解少许简单的英文单词即

① Moon B. M.，Hoffman R. R.，Novak J. D. & Cañas J. J. 2011. Applied Concept mapping：Capturing，analyzing，and organizing knowledge. New York：CRC Press.

可上手，其面向的对象不限，所有年龄阶段的用户皆可使用。Inspiration 提供了两种思维呈现形式：大纲形式和图表形式。大纲形式更加适用于文件思想要点的组织与书写。图表形式更加适用于呈现各个思想要点至今的联系。两者转换使用能够有效表征复杂的思维过程。

（2）特点

Inspiration 界面直观，操作简单，很容易上手，学生只要通过鼠标拖动符号图形就可以形成一个节点，每个节点可以进行隐藏以及对每个节点添加解释和阐述。每个节点之间可以拉出不同方向的箭头表示其相关关系，形成一个整体概念图。Inspiration 中各个节点不仅可以利用软件素材库提供的静态或动态图形符号，而且使学生也可以自己添加创建和导入外部素材到素材库中使用。软件所生成的概念图可保存为 GIF、JPG、BMP，以及 WMF 等多种文件格式，并且在大纲视图中制作的概念图文件都可以保存成 ＊.html 文件格式。另外，＊.html 文件格式具有良好的兼容性。

（3）操作示例

Inspiration 操作界面如图 3-77 所示。

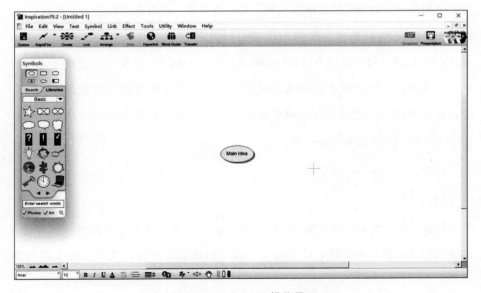

图 3-77　Inspiration 操作界面

在此以创建概念关系图为操作示范，展示 Inspiration 的基本操作。打开开始菜单，选择所有程序，单击 Inspiration 即可打开一个新窗口，默认为无标题的表达图式。进入主界面后，可以组织和排列可视化的各种信息，软件主要分为顶部的图表工具条、底部的格式工具条和左侧的符号控制面板。

首先，在左边工具条中选择需要的图形框，然后选中主题框将箭头拉出指向下一节点进行连接，输入文字即可，也可以在连线上出现的方框中写入表示概念间关系的简短关键词，如图 3-78 所示。

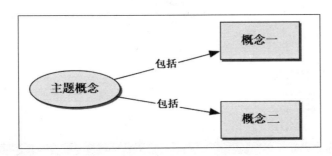

图 3-78 Inspiration 概念图

其次，选中某根线条，鼠标箭头指在其上并单击右键，在快捷菜单中可以对下一节点方框线条的粗细、类型、颜色、方向等进行编辑，如图 3-79 所示。

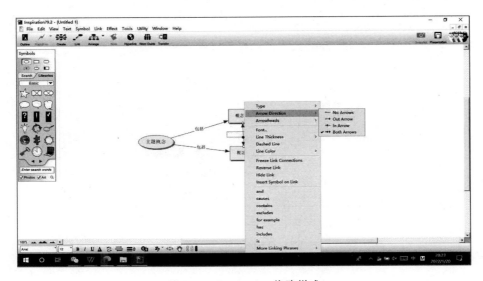

图 3-79 Inspiration 修改样式

　　再次，编辑文字样式，可以通过下面的"文本编辑工具"编辑选中的框图中文字和框图的颜色等，如图 3-80 所示，图形样式可通过左边符号控制面板进行修改。

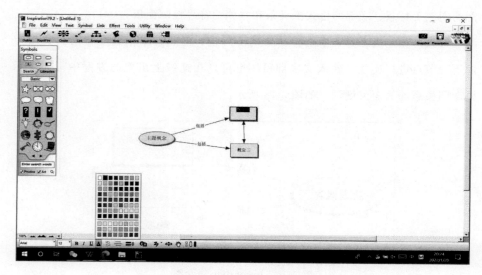

图 3-80　Inspiration 文本编辑

　　最后，选择界面左上角"文件"菜单栏中的"导出"选项导出的格式，保存最终文件，如图 3-81 所示。

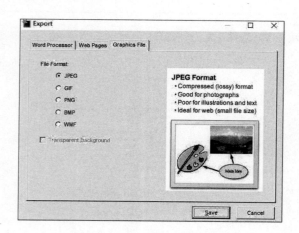

图 3-81　Inspiration 导出保存

（4）应用案例

　　在小学语文统编教材《将相和》的学习中，教师应用 Inspiration 软件可视化课堂教学设计，如图 3-82 所示。教师通过可视化的流程图形式，把课堂教学设计的每一个环节描述出来，每个教学环节中教师与学生的活动清晰明确，便于教师更好地把握整体教学流程。此外，在进行教研活动时，通过可视化图片展示教学设计，教师们可以更加全面地交流分析与讨论教学设计的科学性和合理性。

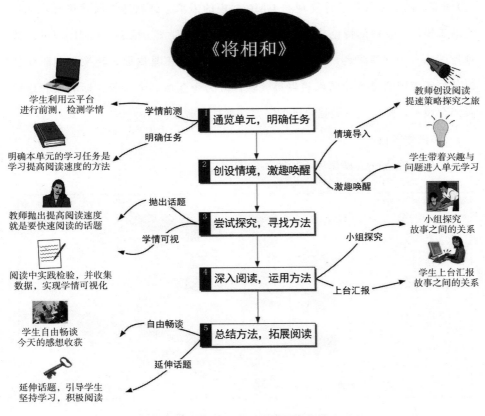

图 3-82 Inspiration 课程流程图

2. Visual Paradigm Online

(1)介绍

Visual Paradigm 是一款功能强大的 UML(统一建模语言)工具，可免费下载官网社区版的安装包，也可直接使用其在线版本 Visual Paradigm Online，线上、线下两个版本的功能基本一致(下文皆以 Visual Paradigm 进行表述)。Visual Paradigm 可免费使用 30 天，对学生使用的文件大小、数字图表、使用时间等不做任何的限制。Visual Paradigm 采用全拖拽式操作，方便快捷，支持多种图表类型，精准定位形状位置，个性化实现思维的呈现、碰撞与生成，可以导出 PNG、JPG、GIF、SVG 等多种格式。

（2）特点

Visual Paradigm 软件提供多种类型的结构图、流程图、EPC（事件驱动过程链）图等，满足了项目设计管理和 UML 建模的需求，其软件界面简单直观，师生易于操作。软件的特色功能主要有：在线绘制流程图、维恩、UML、DFD（数据流图）和 ERD 等图表，使用功能强大的模型仓库工具提取、转换和加载模型以及易于使用的思维导图编辑器等。软件分为企业版、个人版、标准版和建模版四个版本，师生可以根据自己的需要选择性下载。

（3）操作示例

Visual Paradigm 操作界面如图 3-83 所示。

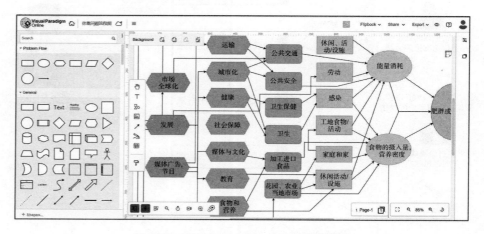

图 3-83　Visual Paradigm Online 操作界面

在此以"水的世界"为主题绘制思维导图为操作示范，展示 Visual Paradigm 的基本操作。首先，从应用程序工具栏中选择"New Project"，在"New Project"窗口中，输入"水的世界"作为项目名称，单击"Create Blank Project"按钮，如图 3-84 所示。

其次，从应用程序工具栏中选择"New Diagram"，选择"Mind Mapping Diagram"，单击"Next"，如图 3-85 所示。

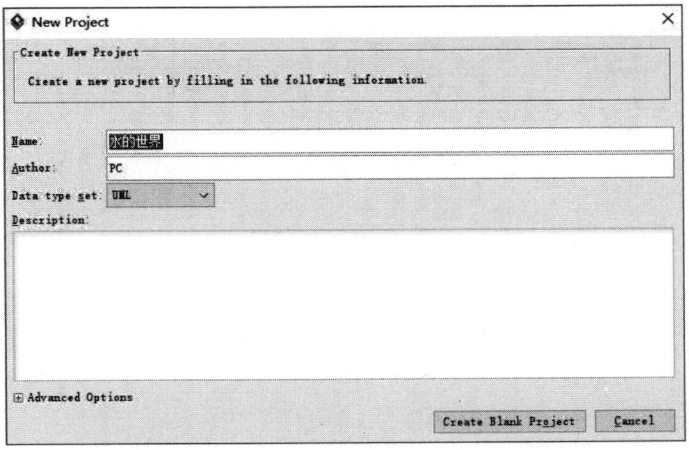

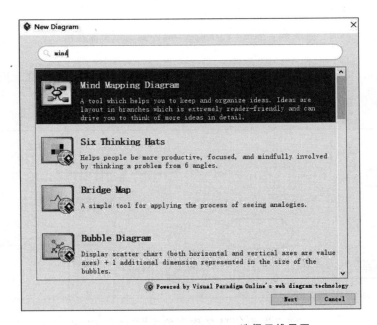

图 3-84　Visual Paradigm Online 新建项目

图 3-85　Visual Paradigm Online 选择思维导图

　　再次，输入"水的世界"作为逻辑示意图名称，然后单击"OK"按钮进行确认后成功创建一个思维导图，并呈现一个关键思想节点，如图 3-86 所示。

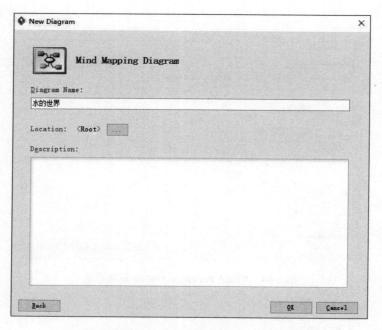

图 3-86　**Visual Paradigm Online** 输入示意图名称

最后，将鼠标指针移到"中心主题节点"，按分支节点图标并将其拖出。松开鼠标按钮并在节点中输入内容，如图 3-87 所示。

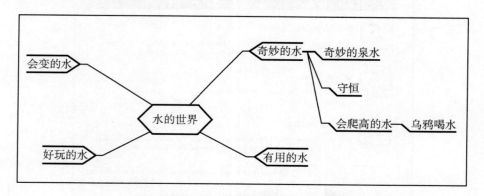

图 3-87　**Visual Paradigm Online** 思维导图

（4）应用案例

在小学语文作文教学上，教师在启迪学生扩散习作思路的时候，可以应用 Visual Paradigm 中的思维导图做头脑风暴，如图 3-88 所示。教师可以确立中心主题"我喜欢的动物"，创设话题情境，学生绘制展示自己的奇思妙想，把自己的创意可视化描绘出来，以激发更多更新的灵感，使学生养成弹性思维方式，培养其分散思维能力。

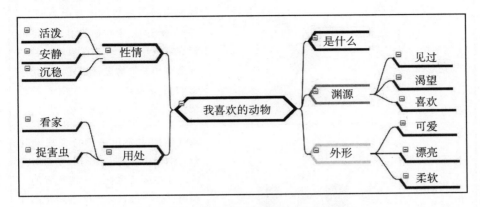

图 3-88 Visual Paradigm 思维导图头脑风暴

(三)思维地图

思维地图是 David Hyerle 博士在 1988 年开发的，其建立在认知心理学、语义学理论的基础之上，是一种用于建构知识、发散思维的可视化工具。思维地图相较于思维导图和概念图，其更加注重学习者学习能力的培养。在课堂教学中，可以利用思维地图这一可视化工具，呈现相对应的思维过程。[①] 学习者通常在纸或电脑上组织并展现他们的想法。思维地图共有八种类型，分别为圆圈图、气泡图、双气泡图、树形图、括号图、流程图、复流程图和桥形图（见表 3-5）。

表 3-5 思维地图类型

类型	图例	功能作用
圆圈图 发散思维		圆圈中心是主题关键词，周围填写与主题相关的信息（皆可用文字、数字、图片等形式表达）；圆圈图支持师生进行头脑风暴和主题定义，能够有效聚合思维，开启学习与认知创变之旅。

---

① David Hyerle. 1995. Thinking Maps：Seeing is understanding［M］. Educational Leadership，pp. 85-90.

续表

类型	图例	功能作用
气泡图 描述思维		气泡图的中心圆圈中写中心词汇，外围小圆圈之中写描述中心词汇的形容词或短语。气泡图以趣味性的词语对相关事物进行描述，强化事物的情绪表达，助力学生的思维记忆。
双气泡图 比较思维		双气泡图主要用来进行类比和比较，两个中心的大圈写上需要对比的两个主题或事物，中间位置的小圈是共性之处，外围的小圈是不同之处。双气泡图通过对比能够进一步加深学生对于思维概念的理解与迁移，推动学生思维结构的生成。
树形图 分类思维		树形图的形状像一棵大树，最顶端写上主题或事物，往下依次分级分类，每个类别互不相连。树形图最主要的作用就是对事物或主题进行分组分类，建立层级结构，能够有效支持发散性思维和辐合性思维的呈现。
括号图 整分思维		括号图最左边为主题或事物，括号里面为其组成部分。括号图将整体进行分解，形象展示了主题或事物的包含关系，建立了思维的空间感。
流程图 顺序思维		流程图是一种较为熟悉的图形表达方式，它通过箭头连接各个步骤、顺序、时间、过程等。流程图支持展示主题或事物的演变情况，帮助学生学会自觉排序，可视化呈现学生的程序性思维和统筹规划能力。

续表

类型	图例	功能作用
复流程图 因果思维		复流程图中间位置为主题或事件，左边是原因，右边是结果。复流程图通过预测或分析当前事物的原因和结果，进一步提升学生的批判性思维。
桥形图 类比思维		桥形图类似于桥的形状，横线上下填写有关系的主题或事物，"as"前后的关系类似。桥形图能够类比出主题或事物之间的关系，其通过训练思维的类比能力，从而强化知识与思维的迁移，有助于学生在学习过程中思考。

三、 课堂思维可视化的教学案例

案例 3-3：四年级英语 I want to move 思维可视化

该案例选自 W 小学四年级英语彭老师等人的可视化课堂教学实践。该课堂为小学英语绘本阅读教学课堂，教学内容选自"攀登英语阅读系列"，主要对标小学英语语言能力、思维品质、文化意识和学习能力等学科核心素养要素，以可视化教学理念、情景教学理念、个性化教学理念等为指导进行设计。

※**教学目标**

1. 语言能力目标

(1)能理解故事内容，能学会用 I want to... 句型表达自己的意愿。

(2)能听懂、会说单词——burrow，web，spider，grasshopper，move；词组——take care of 。

(3)能用正确的语音、语调、停顿，流利朗读。

(4)能生动、有感情地朗读并复述故事。

2. 思维品质目标

(1)能通过观察图片预测故事的发展，利用问题框架发展学生获取、梳理、概括信息的能力。

(2)能在对图片人物表情变化比较、分析过程中发展逻辑性、批判性等思维。

3.文化意识目标

启发学生感知和体会"家"对于自己成长的意义。

4.学习能力目标

(1)培养学生运用拼读法等策略流利朗读的能力。

(2)培养学生整体阅读语篇的意识以及在阅读过程中获取关键信息的能力。

(3)通过教师提供的材料提升获取学习资源的能力;通过同伴或小组讨论、分工、完成任务,养成合作学习的意识与能力以及主动参与语言实践的意识和习惯。

(4)能通过绘本联想到自己的家庭,并使用英语进行口语表达及写作输出。

※教学过程

该课堂的教学流程具体如图3-89所示。

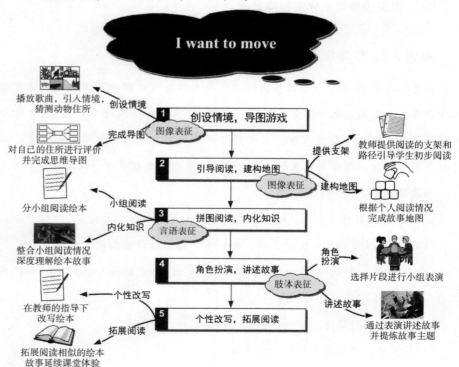

图 3-89　小学四年级英语 I want to move 教学流程图

1. 创设情境，导图游戏

教师播放歌谣 Rock Scissors Paper(石头剪刀布)进行热身引入，询问学生歌曲中出现的动物们的住所在哪里，并引导学生描述自己家的特征，通过思维导图梳理出来。

2. 引导阅读，建构地图

引导学生阅读绘本，回答以下两个问题：① Who is he？② Where does he live？由此揭示本节课的学习主题。教师提供阅读支架与路径，学生通过初步阅读，根据个人阅读情况，完成故事地图。

3. 拼图阅读，内化知识

学生分小组阅读绘本，整合小组阅读情况，深度理解绘本故事，并完成故事地图的拼接，内化知识。

4. 角色扮演，讲述故事

学生以小组为单位，分角色扮演绘本中的人物形象，在故事讲述的过程中，体会绘本主人公的内心世界，通过表演的途径，提炼故事主题，联系生活事件，深化对故事内涵的理解。

5. 个性改写，拓展阅读

在教师的指导下，结合生活实际，学生根据自己的情况改写绘本故事，并拓展阅读相似的绘本故事，延续课堂体验，提升阅读能力。

※思维可视化的表征

1. 言语表征

言语是个人思维表征的过程，言语表征旨在用语言的形式，清晰地传达出学生独特的思考方式。I want to move 课堂在"拼图阅读，内化知识"的教学环节中，引导学生分小组进行拼图阅读，并在阅读后由各小组成员与教师共同进行整合讲述，在观点的相互碰撞中促进师生、学生之间主动积极的探究与交流合作，实现言语的情境化，以有效激发并推动学生思维的积极性与主动性，锻炼学生的逻辑思维表达能力。

2. 肢体表征

肢体表征作为戏剧性的思维外显方式，旨在调动学生课堂参与的积极性，引导学生通过设计场景、创设表演等形式，实现知识演绎和肢体创造的有机结合。I want to move 课堂在"角色扮演，讲述故事"的教学环节中，引导学生四人形成一个小组，选择一个绘本片段进行角色扮演，通过表演来复述故事并回答主题问题。学生在角色扮演的过程中，站在了必须解决问题的角度上，同时通过自身的肢体动作创造，将个人的内在思想有机地融入外在动作中，释放了想象力与创造力，拓宽了认知宽度与思考范围，促进了思维的创新发展。

3. 图像表征

图像表征是浓缩知识和定格思维的典型表征形态，基于图像展开的相关逻辑性、发散性思考，能够有效融合知识体系、展现知识内在逻辑，促进学生对于知识的理解与自身思维的发展。I want to move 课堂首先在"创设情境，导图游戏"的教学环节中，引导学生由绘本内容延伸至现实生活，将自己对于家的特征以思维导图的形式展现出来，为后续深度理解绘本内容奠定基础。随后，在"引导阅读，建构地图"的教学环节中，教师为学生提供阅读支架和阅读路径指示，引导学生在阅读绘本的过程中，完成故事地图，找出故事线索，预测故事发展，实现对绘本故事知识的深度内化，如图 3-90 所示。

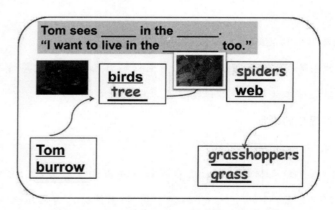

图 3-90　四年级英语 I want to move 故事地图

I want to move 课堂通过言语表征、肢体表征、图像表征等思维可视化的表征形式，打破了传统教学中"重知识传授，轻思维诠释"的尴尬局面，以具体、形象的思维可视化表征体系展现了学生在学习过程及问题解决过程中的思维逻辑，引导学生用思维去理解并创造知识，助力学生个性化思维轨迹的形成，实现学生高阶思维的长久发展。

第四节　智能教育 App 的课堂应用

随着以 5G、物联网、大数据、云计算、人工智能等为代表的新兴智能技术的迅速发展，智能教育产品的研发与应用成为智能技术教育应用的根本落脚点。而智能教育 App 因其移动性和泛在性成为智能教育产品应用的有效抓手，在创新课堂教学方式、满足学生个性化学习需求和优化师生体验等方面发挥了积极作用，深刻影响着学情分析、教学策略制定、教学资源选择、教学过程实施、教学评价和管理等具体的教学环节。因此，在"双减"政策背景下，探索智能教育 App 价值定位、核心功能与课堂教学应用，能够有效推动课堂教学精准减负提质增效，实现以"减"谋"增"。

一、智能教育 App 概述

App 的英文全称为 Application，译为"应用"。智能教育 App 是指以教职工、学生、家长为主要用户，以教育、学习为主要应用场景，服务于学校教学与管理、学生学习与生活以及家校互动等方面的互联网移动应用。[①] 张凤丹等人认为，智能教育 App 特指可以给学习者提供学习资源、学习平台或者进行技能训练等用来学习的一类 App 的总称；[②] 马玉慧等人认为智能教育 App 是指运行于智能移动终端，能够帮助学习者学习的应用程序。[③] 综上，本书认为智能教育 App 是指以物联网、大数据、人工智能、边缘计算、5G 等新兴智能技术为依托，面向各教育主体的多样化学习需求，提供智能教育服务的互联网移动应用，即嵌入智能技术的教育 App。

为促进教育 App 有序健康发展，2019 年 8 月，《教育部等八部门〈关于引导规范教育移动互联网应用有序健康发展的意见〉》提出，要建立健全教育移动应用管理制度、规范和标准，形成常态化的监管机制，初步建成科学高效的治理

---

① 中华人民共和国教育部. 教育部等八部门关于引导规范教育移动互联应用有序发展的意见. ［EB/OL］. http://www.moe.gov.cn/srcsite/A16/moe_784/201908/t20190829_396505.html, (2019-08-15)［2022-10-20］.

② 张凤丹，陈仕品. 教育 App 的应用问题分析及对策研究［J］. 中国教育信息化，2017(14).

③ 马玉慧，赵乐，李南南，王硕烁. 新型移动学习资源——教育 App 发展模式探究［J］. 中国电化教育，2016(04).

体系。这是国家层面发布的首个全面规范教育 App 的政策文件，覆盖了各学段教育和各类教育 App。2019 年 11 月 11 日，教育部办公厅制定并出台了《教育移动互联网应用程序备案管理办法》，明确要求做好教育 App 备案管理工作。2020年年初，智能教育 App 的发展与创新迎来巨大的变革，其关键技术的突破及其与教育场景融合的不断深入，推动在线教育、人工智能教育、个性化教育等加速发展。后疫情时代，课堂逐步回归到面对面教学，线上线下混合将成为课堂教学的主流方式，智能教育 App 在教育数字化转型、智能升级、融合创新等方面仍发挥着巨大作用。2021 年 7 月 24 日，中共中央办公厅、国务院办公厅印发《关于进一步减轻义务教育阶段学生作业负担和校外培训负担的意见》，就持续规范校外培训(包括线上培训和线下培训)，有效减轻义务教育阶段学生过重的作业负担和校外培训负担做出重要部署。"双减"政策颁布后，各地迅速组织行动，强化学校教育主阵地功能，发挥课堂教育主渠道的作用，探索智能教育 App 与教育双向赋能，满足课堂教学精准减负成为推动教育高质量发展的主诉求。为此，2021 年 9 月，教育部办公厅等六部门发布《关于做好现有线上学科类培训机构由备案改为审批工作的通知》，对加强教育 App 管理推动与"双减"政策衔接提出明确要求。

由此可见，教育 App 的研发与管理工作已经逐步规范，其在教育教学中的功能作用也日益凸显，通过对教育部已备案 App 的名单进行系统分析，现有的智能 App 可以分为三大类，具体见表 3-6。

表 3-6　部分智能教育 App

智能教学 App	语文	出口成章　同步语文　小学语文　中考语文通
	数学	儿童数学王国　小学数学　初中数学　高中数学
	英语	扇贝阅读　超级绘本　Lingumi　伴鱼绘本

续表

智能教学 App	物理	初中物理　高中物理　中考物理通　高考物理通
	化学	初中化学　高中化学　中考化学通　高考化学通
	生物	高中生物　高考生物通　中考生物通
	政治	中考政治通　高考政治通　初中政治　高中政治
	历史	移动专业教室－历史　高考历史通　中考历史通
	地理	移动专业教室－地理　高考地理通　中考地理通　高中地理
	科学	AR 小学科学　vbook 科学　小学科学奥数
智能评测 App		作业帮　小鑫作业　FiF 智能阅卷　智学网
智能管理 App		教育钉钉　班级优化大师　荔枝微课　翼课堂学生　云校家　UMU　ClassIn　易学 MOOC　放心课　校信　AI 听说　知学中文

（一）智能教学 App

智能教学 App 是指能够辅助师生开展教学活动，并对活动中产生的数据进行即时记录和可视化分析的辅助工具。通过智能教学 App，学生可以进行资源浏览、视频观看、互动交流、开展探究等在线学习活动，而教师则可以进行推送资源、答疑指导、作业批改和家校互动等在线教学活动。

（二）智能评测 App

智能评测 App 是指能够对学生的学习行为和学习过程进行诊断、评估和预测的辅助工具。此类 App 可以快速定位班级和个人学情薄弱点，并对其成长轨迹进行可视化分析，使得教师能够设计有针对性的教学活动，使学生能够明晰自身短板所在，让教学成效可视化呈现。

（三）智能管理 App

智能管理 App 是指能够对某个系统或组织内部进行精细化管理的辅助工具。通过此类 App 对教与学过程的数据进行采集和分析，精准把握和监测系统或组织内部的教学质量，从而进行数据科学决策，为系统外部人员参与内部管理提供有效途径。

二、 智能教育 App 的功能与特征

（一）智能教育 App 分析框架构建

从智能教育 App 的价值定位来看，无论是数据挖掘、学情分析、学习者建模，还是个性化的资源推荐和学习路径规划，其最终目标都是面向学习者的真实需求。因此，为对智能教育 App 进行全面系统化分析，根据智能教育 App 的实际应用过程与场景，本书提出了智能教育 App 的分析框架，包含用户体验、服务对象、过程记录、应用场景和技术嵌入五个维度，如图 3-91 所示。

1. 用户体验

用户体验是智能教育 App 持续健康发展的重要驱动力。用户主体的使用价值和感受直接影响着用户对产品的持续使用意愿，从而影响用户黏性。良好的用户体验可以减轻学习者在使用时的认知负荷，帮助学习者专注于学习的过程。用户体验主要包括外观、易用性、使用价值和友好性四个方面。[①] 在分析智能教育 App 时，既要关注其基本功能界面的美化设计，也要从用户主体需求的视角出发，注重其功能性的实用价值，并能够在现实环境中产生附加价值。

---

① 高博俊，徐晶晶，杜静，等. 教育机器人产品的功能分析框架及其案例研究[J]. 现代教育技术，2020，30(01).

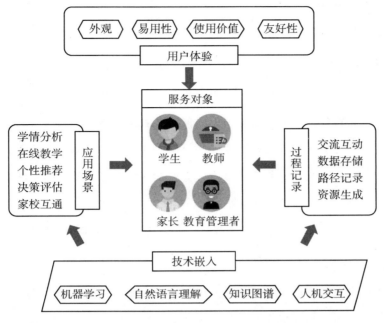

图 3-91　智能教育 App 分析框架

2. 服务对象

服务对象是指智能教育 App 的使用主体，即目标用户。任何产品的设计都是一次创造性的活动。从设计思维的角度来说，产品设计首先是以人为中心的创新过程，目的是产生创新解决方案，它包括了诱导出客户的真实需求而不是简单的系统要求。[①] 智能教育 App 的设计亦是如此，要围绕目标用户的需求出发，解决教育教学过程中的痛点难点问题，其应用主要围绕教与学的过程开展。因此，人工智能教育产品的主要服务对象为教师、学生、教育管理者和家长。

3. 过程记录

过程记录是指智能教育 App 能够保留并存储教与学过程中产生的有价值的数据、信息等。有效且模块化的过程记录不仅能够帮助学生明晰自己的短板，而且能让教师、家长和教育管理者了解学生的学习动态，从而开展数据驱动的

---

① ARAÚJO R，ANJOS E，SILVA D R. 2015. Trends in the use of design thinking for embedded systems，15th International Conference on Computational Science and Its Applications（ICCSA），March 18-20，Banff，Alberta，Canada. New York：IEEE，pp. 82-86.

教学决策和教学管理。智能教育 App 对教与学过程的记录主要包括交流互动、数据存储、路径记录和资源生成。

4. 应用场景

应用场景是指智能教育 App 在教与学过程中的应用的具体情景。从面向对象来看，人工智能教育应用场景分为面向教育者的教学场景与管理场景、面向受教育者的学习场景和考试场景四类。[①] 从功能作用来看，人工智能教育应用场景主要集中在学情检测、教育机器人、分层排课、智能导学、拍照搜题、自动化测评、个性化学习和智能批发等场景。[②] 聚焦在课堂教学层面，智能教育 App 的应用场景主要包括学情分析、在线教学、个性推荐、决策评估和家校互通。

5. 技术嵌入

技术嵌入是智能教育 App 的核心支柱，是功能实现的前提条件。人工智能的关键技术主要包括知识表示方法、机器学习与深度学习、自然语言处理、智能代理和情感计算。[③] 此外，也有学者指出"人工智能＋教育"的技术主要有机器学习、深度学习、自然语言处理、人工智能算法、神经网络、推理机、学习计算、图像识别等技术。[④] 因此，智能教育 App 中嵌入的关键技术主要包括机器学习、自然语言理解、知识图谱、人机交互。

（二）智能教育 App 的主要特征

智能教育 App 因其移动性和便捷性成为构建智能化课堂的首要选择，具有以下主要特征。

1. 支持多种应用场景

智能教育 App 是智能技术与教育教学双向融合的产物。现有智能教育 App

① 高婷婷，郭炯. 人工智能教育应用研究综述[J]. 现代教育技术，2019，29(01).

② 杨现民，张昊，郭利明，等. 教育人工智能的发展难题与突破路径[J]. 现代远程教育研究，2018(03).

③ 闫志明，唐夏夏，秦旋，等. 教育人工智能（EAI）的内涵、关键技术与应用趋势——美国《为人工智能的未来做好准备》和《国家人工智能研发战略规划》报告解析[J]. 远程教育杂志，2017，35(01).

④ 吴永和，刘博文，马晓玲. 构筑"人工智能＋教育"的生态系统[J]. 远程教育杂志，2017，35(05).

能够支持多样化教与学活动的开展，满足各教育主体的基本需求。学校能够结合自身实际情况，利用智能管理 App 对管理和监测学生学情，辅以各类学科智能教学 App 开展常态化教学，并组合选用相关智能教育工具辅助教研，从而为学校构建智能化教育体系提供环境支撑，实现课堂教学生态的系统化变革。

2. 聚焦优质资源共享

面对教学资源分布不均衡的现状，智能教育 App 拥有丰富的在线学习资源，能够将优质资源普及世界各个角落，成为促进教育公平发展和优质资源共享的"利器"之一，让优质教育教学资源不再成为少数人的特权，从而增强智能教育的普惠性。此外，借助智能教育 App 强大的数据采集、挖掘和处理等功能，能够为每位学生定制基于真实能力的教学内容，实现网络环境下优质资源的按需供给，从而实现真正的因材施教。

3. 关注新型技术运用

教育作为 5G、人工智能等新型技术率先应用的重要领域，智能教育 App 就是其重要表现形式之一。智能教育 App 的发展要以技术创新为牵引，提升智能技术对教育改革与发展的服务能力，实现问题导向和需求导向之间的统一协调，推进教育理念、内容、方法和治理的变革，达成技术生态与教学生态的双向融合，从而促进教育高质量发展。

(三)智能教育 App 的功能作用

智能时代的教育教学逐渐呈现出智能化、精准化、个性化的特点，智能教育 App 通过对多种智能技术的有效汇聚和协同，能够打破智能技术研发的壁垒，实现对多元学习场景的智能感知和深度融通，构建面向多元学习时空的智能教育数据生态。教育信息化 2.0 时代课堂变革的实质是人工智能赋能的课堂教学内生性革命。[①] 智能教育 App 能够为课堂教学的变革输入强大动力源，具有多元化内容呈现、动态化学情分析、情境化即时交互、个性化资源推送和系统化知识建构五大功能，如图 3-92 所示。

---

① 蔡宝来. 人工智能赋能课堂革命：实质与理念[J]. 教育发展研究，2019，39(02).

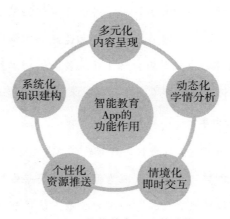

图 3-92　智能教育 **App** 的功能

1. 多元化内容呈现

多元化内容呈现是智能教育 App 的基本功能。教学内容是课堂教学的核心要素之一，也是师生教学活动开展的主要依据，包括向学生传授的知识、技能、思想、观点和培养的行为、习惯等，其呈现方式在一定程度上影响着学习者的学习成效。智能教育 App 支持教学内容以文本、视频、音频、动画等多种形态呈现，实现实体教材的电子迁移，促使抽象知识由浅入深具象化，以满足不同学习者对于不同学习形式的需求，推动学习者自主建构知识，助力有效学习的发生。

2. 动态化学情分析

动态化学情分析智能教育 App 的核心功能。学生学情是持续动态变化的过程，只有实时了解到学生在学习过程中的学习情况，才能从痛点出发，有针对性地开展课堂变革。智能教育 App 借助大数据技术，采集学生的基础数据、学业数据、行为数据、心理数据、生理数据等，建立学情数据分析模型，在此基础上对学生潜在的知识、能力薄弱点进行智能诊断，并自动生成精准的、可视化的学情分析报告，帮助教师对学生的学习进度、学习情况和学习行为进行实时监控，从多维度了解学生的知识点掌握情况、课内外学习参与度、学习状态等信息，从而进行数据驱动的教学决策和教学管理，实现精准化的数据采集和动态化的学业测评。

3. 情境化即时交互

情境化即时交互是智能教育 App 的优势功能。任何知识与经验的获取不仅仅依赖于教师的讲授，更重要的是建立知识与情境之间的联系，实现情理交融，才能打破知识壁垒，培养学生综合运用知识解决现实问题的能力，促进知识向智慧生成转变，实现转识为智。智能教育 App 充分发挥 VR、AR、MR、XR 和数字孪生等智能技术优势，创设立体化、沉浸式的课堂教学环境，增强学习者的课堂学习临场感，为"教师与学生""学生与学生""学生与内容"，以及"学生和环境"提供有效及时的交互。

4. 个性化资源推送

个性化资源推送是智能教育 App 的关键功能。智能教育 App 通过对学习数据的采集和学生模型的构建，对学生的知识掌握程度、认知发展状况、学习偏好和学习风格进行精准分析，通过学习需求和学习资源、学习路径之间的精准匹配，并结合最近发展区理论对学生的发展潜能进行精准预测，以此智能化地诊断、评估学习者的学习需求，为学生提供精准化的资源推荐和学习路径规划服务，助力学生实现个性化学习，实现大规模因材施教。

5. 系统化知识建构

系统化知识建构是智能教育 App 的附加功能。自互联网时代以来，碎片化学习逐渐成为快节奏生活中的主流学习方式之一，但是随着时代的发展，碎片化学习存在的知识割裂问题愈加凸显。智能教育 App 能够系统连接琐碎知识点，对知识进行归类整理，为学习者提供课堂脚手架，帮助学习者独自或协同建构课堂知识体系，深度理解学科知识点及其之间的内在联系，助力学习者逐步形成个人知识地图，促进学习者知识体系建构和系统化思维形成。

三、 智能教育 App 在课堂可视化的应用

案例 3-4：四年级语文《鸟的天堂》

该案例选自 X 小学四年级语文林老师等人的可视化课堂教学实践。该课堂教学对标小学语文学科核心素养培养要求，以可视化教学理念为指导进行设计，

通过教师阅读方法的讲解与运用，并利用智能教育 App 的阅读测评功能实时了解学生的阅读能力，诊断学生学情的薄弱点，向学生推送相关主题阅读资源，让学生在大量的阅读中体会阅读方法的运用。

※教学目标

1. 有感情地朗读课文，能用不同的语气和节奏朗读两处"鸟的天堂"情景。

2. 借助关键语句体会静态和动态情景的特点，联系上下文理解作者为什么感叹"那'鸟的天堂'的确是鸟的天堂啊"。

3. 激发学生热爱自然、保护自然的情感。

※教学过程

该节课主要包括"字词检测，问题导入""汇编感知，自主阅读""小组合作，朗读汇报""归纳要点，练习反馈""运用方法，拓展阅读"和"总结提升，布置作业"六个环节。具体教学流程如图 3-93 所示。

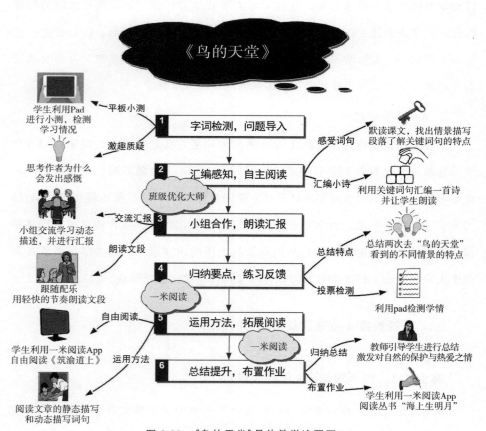

图 3-93　《鸟的天堂》具体教学流程图

1. 字词检测，问题导入

教师在平台发布多音字、易错字的检测习题对学生进行检测，可视化呈现学生的字词掌握情况，并帮助学生回顾课文内容，引导学生思考作者为什么会发出感慨"鸟的天堂"的确是鸟的天堂啊！

2. 汇编感知，自主阅读

学生自主默读课文，找出情景描写段落，了解关键词句的特点。同时，教师引导学生梳理课文内容，并利用关键词句汇编成一首诗，让学生在朗读中整体感知课文内容。

3. 小组合作，朗读汇报

聚焦情景，小组合作找出文中动态描写和静态描写的词句，体会其特点。教师播放配乐，引导学生借助关键词想象画面，用轻快的节奏朗读课文，并借助思维导图工具梳理动态描写和静态描写的具体物体及其特点。

4. 归纳要点，练习反馈

教师引导学生总结作者两次去"鸟的天堂"看到不同情景的特点，归纳总结阅读方法，回答课堂开篇提出的疑问，感悟作者赞美当地农民对自然的保护与热爱之情。随后，教师利用 Pad 给学生推送随堂检测习题，检测学生阅读方法的掌握情况。

5. 运用方法，拓展阅读

教师利用一米阅读 App 为学生推送《筑渝道上》等文章，引导学生运用已习得的阅读方法开展阅读，关注文章中静态描写和动态描写的词句。

6. 总结提升，布置作业

教师引导学生进行归纳总结，激发对自然的保护与热爱之情，并提供课后阅读拓展资源包，引导学生持续深化阅读。随后，学生可以在一米阅读 App 上进行阅读丛书"海上生明月"，生成能力报告，可视化呈现学生阅读能力提升路径。

※**智能教育 App 功能体现**

该案例利用思维导图和一米阅读等智能教育 App 辅助课堂教学，它能够通过数据分析及时诊断并呈现班级和个人的学习情况，对学生阅读能力水平进行智能检测，并将内化的知识以可视化的方式呈现，从而帮助学生形成完整的知识结构，主要体现在以下几方面：一是通过课前 Pad 小测检测学生学情，并提供可视化的学情报告；二是利用一米阅读 App 推送单元整合的课内课外主题阅读资源，及时监测学生阅读能力水平，可视化呈现学生阅读能力提升路径；三是利用思维导图总结提炼阅读方法，可视化呈现知识要点。通过将学生学习过程中数据可视化和知识可视化促成思维可视化，完成知识的意义建构，从而丰富原有认知结构。

案例 3-5：四年级英语 Look at this T-shirt(2)

该案例选自 L 小学四年级英语李婷老师等人的可视化课堂教学实践。该课堂教学对标小学英语学科核心素养培养要求，以可视化教学理念为指导进行设计，采用以点带面、由易到难的方式，通过模拟购物场景，让学生从单词到词条到句型逐步掌握，最后拓展到语篇的描述，并利用智能教育 App 的口语测评功能能实时了解学生的口语发音水平，运用 AI 纠音老师帮助学生科学纠正发音。同时，以任务驱动贯通学科知识，培养学生运用多学科知识解决问题的能力，实现知识的生活化迁移，全面提升学生的语言综合运用能力。

※**教学目标**

1. 语言能力目标

(1)能听、说、读、写本单元的单词：复习衣服类词汇，学习新单词 much、very much、how much、hundred、yuan、too、expensive、will、won't = will not、take。

(2)能熟练运用以下句型：How much is the …? —It's ….；How much are the …? —They are ….；I will take it. / I won't take it.

(3)能运用所学的句型进行购物交流。

2. 学习能力目标

(1)通过信息的收集、整理与分析，培养学生的信息提取能力、沟通交际能力和语言表达能力。

(2)通过将购物语言迁移到生活情境中，在实践创作中培养学生灵活运用所学知识解决实际问题的能力。

3. 思维品质目标

(1)在运用多学科知识解决现实问题的过程中锻炼学生发现问题、分析问题、解决问题的能力。

(2)通过在新情境中创编对话，培养学生的知识迁移与创新思维。

4.文化品格目标

(1)让学生学会倾听和交流，养成良好的协作学习习惯；

(2)让学生了解合理消费，树立正确的消费观。

※**教学过程**

该节课主要包括"复习旧知，引入话题""情境活动，操练句型""感知课文，听力练习""协作探究，汇报展示""拓展阅读，综合运用"五个环节。具体教学流程如图3-94所示。

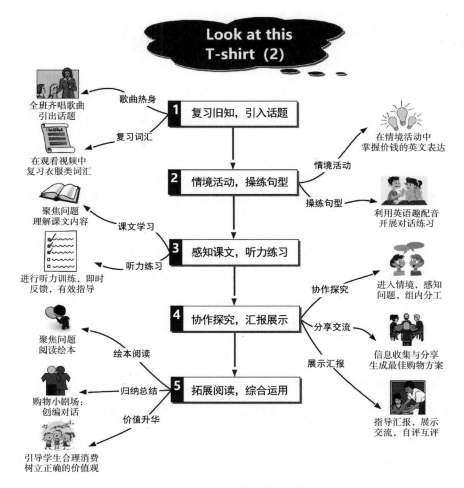

图 3-94 **Look at this T-shirt(2)具体教学流程图**

1. 复习旧知，引入话题

全班齐唱歌曲，教师与学生进行日常问候，引出购物话题。随后，教师提出问题：What's in Lily's wardrobe? 并播放自制视频，引导学生在视频中寻找答案，复习已学词汇。

2. 情境活动，操练句型

教师呈现人民币图片，提出问题：How much is it/are they? 引导学生用英语谈论金钱的数额，学会价钱的英文表达。随后，教师利用英语趣配音推送配音练习资源，让学生以两人小组为单位，选择一个或多个影视资源开展对话练习，并按照 AI 教师反馈结果纠正发音，可视化呈现学生的真实口语水平。教师即时关注学生口语发音的准确度、流利度和完整性等情况，适时进行有针对性的指导。

3. 感知课文，听力练习

教师播放课文视频，引导学生带着问题观看视频，理解课文内容，掌握购物句型的使用场景。随后，教师利用平台功能进行听力训练，检测学生对词汇和句型的掌握情况，可视化呈现学生对知识内容的掌握情况。

4. 协作探究，汇报展示

教师搭建购买衣服的情境，让学生规划如何在限额条件下买到更多的物品，让学生以四人小组为单位进行信息收集与分享，调查物品单价，利用百度翻译进行划词识词，并通过计算生成最佳购物方案，引导学生贯通学科知识，内化购物用语。随后，教师指导学生以小组为单位进行汇报展示，进行点评与分享。在汇报展示过程中，展现学生综合运用知识解决现实问题的能力与素养。

5. 拓展阅读，综合运用

教师提供绘本阅读资源，引导学生聚焦问题，学习购物用语的适用场景。随后，教师创设购物情境，引导学生开展创编，完善对话并表演。最后，教师引导学生思考何谓"合理消费"，让学生进行深入思考，树立正确的消费观。

※**智能教育 App 功能体现**

该案例利用英语趣配音和百度翻译等智能教育 App 辅助课堂教学，通过对学生的口语发音水平进行智能诊断和测评，以可视化的方式呈现学生的发音薄弱点和提升点，从而帮助学生科学纠正发音，养成良好的发音习惯，全面提升学生的语言综合运用能力，主要体现在以下几方面：一是利用英语趣配音推送配音资源，引导学生完成配音练习，从流利度、准确度和完整度三方面对学生的发音进行可视化评价，并提供 AI 教师纠音指导，帮助学生科学改善发音，提升表达能力；二是利用平台的即时检测功能，对学生的词汇和句型的掌握情况进行检测，可视化呈现学生的知识掌握情况，以方便教师调整教学策略。

第四章
可视化课堂的构建理论与设计方法

➡ **内容结构**

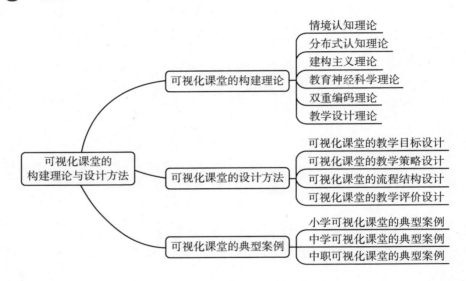

教学设计是教学理论与教学实践的桥梁。深度掌握可视化课堂的教学设计理论和方法，创新打造可视化课堂的教学设计案例，是有效落地可视化课堂教学的重要途径之一。基于此，本章我们主要从可视化课堂的构建理论、可视化课堂的设计方法和可视化课堂的典型案例三大方面进行介绍。

第一节 可视化课堂的构建理论

理论为实践开展提供智力支撑，可视化课堂的设计和实践需要可视化课堂的构建理论提供有力指导和坚实保障。本章介绍了可视化课堂的几种重要构建理论，主要包括情境认知理论、分布式认知理论、建构主义理论、教育神经科学理论、双重编码理论和教学设计理论，以期为广大教育工作者认识可视化课堂教学设计提供理论参考。

一、 情境认知理论

情境认知理论诞生于 20 世纪 80 年代，其代表人物为布朗、科林斯与杜吉德。情境认知理论认为：知识是具有情境性的，知识是活动、背景和文化产品的一部分，知与行是交互的，知识是在活动中、在其丰富的情境中、在文化中不断被运用和发展的。① 情境和人在这种情境中从事的活动是真正重要的，我们不能只看到情境，或是环境，也不能只看到个人，因为真正起作用的是人和环境的相互协调。②

由情境认知理论可知，知识是在具体情境中建构的。教学环境是个人学习和情境学习的统一体，在课堂教学过程中，情境的搭建影响学习者的知识学习，合适的情境有利于促进学习者对所学的内容的意义建构。因此，运用情境认知理论来指导可视化课堂教学，在教学过程中注重利用可视化工具，搭建具体的可视化学习情境，在可视化情境中开展具体实践，可以帮助学习者在情境中内化知识，实现个人、知识、情境三者交互，进而助力新时期创新型人才培养。

二、 分布式认知理论

分布式认知理论是一种心理学的理论，是埃德温·哈钦斯（Edwin Hutchins）于 20 世纪 80 年代中期发表的理论。分布式认知指认知分布于个体内、个体间、媒介、环境、文化、社会和时间等之中，是包括认知主体和认知环境以及所有参与认知活动的事物的一个多重分析系统。

从分布性认知的视角来看学习者的学习，技术并不是简简单单用于传递知识的媒体，它本身还是分布性认知系统中的有机组成部分，是支持学习者进行认知和学习活动的工具。借助分布式认知可以更好地实现学习者认知活动的社会性延伸和物质性延伸，促进学习者与导师、同伴、其他社会成员以及社会文化的互动，同时以丰富、便捷的信息资源和多样、完善的认知工具来支持学习

---

① 缪晔. 基于情境认知理论的高中英语语法教学[D]. 上海师范大学，2012.
② 王文静. 情境认知与学习理论研究述评[J]. 全球教育展望，2002(01).

者的认知活动，学习者和技术之间形成了新型的认知伙伴关系。①

根据分布式认知理论可知，可视化工具在课堂教学中可以促进学生在探究过程中与学习者之间形成认知伙伴关系，帮助学习者从繁重的低级思维活动中解脱出来，分担学习者的认知负荷，使学习者更加有效地进行高阶思维活动。因此，运用分布式认知理论来指导可视化课堂教学，可以为我们深入思考技术的作用定位和学习环境的设计提供崭新的视角。

三、 建构主义理论

建构主义理论于 20 世纪 80 年代提出，其代表人物为皮亚杰、维果茨基等。建构主义认为，学习是学习者在一定的情境中，通过小组协作、同伴会话、意义建构等方式，将旧知识和新知识联结起来的过程，以达到对知识更深层次的理解和认识。建构主义理论的四要素为：情境、协作、会话、意义建构。建构主义理论内容丰富，可从知识观、学生观、学习观、教师观、教学观五个方面来学习建构主义的核心观点，该理论为开展可视化课堂教学提供理论支撑与方法指引。

(一)建构主义知识观

建构主义理论认为知识是对客观世界的一种解释，不是绝对真实的表征，会随着实践的深入而不断演进发展；知识主要提供问题的解决方案，但并不是一蹴而就的，需要精准定位问题进行加工创造；知识不是以实体形式存在的，知识的理解是靠学习者自身基于经验背景进行建构。

(二)建构主义学生观

建构主义理论认为学生是信息加工的主体，是知识的主动建构者。学生可以从以下几个方面发挥主体作用：①学会面对认知复杂的真实世界，应用探索法、发现法去建构知识的意义。②学会主动搜集学习资料和信息。③学会将新知识和旧知识联系起来，思考之间的关系和意义进而达到意义建构。④注重会话的重要性，无论是自我会话还是同伴会话，以会话促成更高质量的建构。

---

① 陈琦，张建伟. 信息时代的整合性学习模式[J]. 北京大学教育评论，2003(03).

(三)建构主义学习观

建构主义理论认为学习是学习者主动地建构意义的过程,知识是由学习者通过新旧知识经验间反复的、双向的相互作用而建构成的,学习者原有的知识经验因为新知识经验的进入而发生调整和改变。学习者与环境的相互作用涉及同化和顺应两个基本过程。同化是指个体把外界刺激所提供的信息整合到自己原有的认知结构之中;顺应是指原有认知结构无法同化新环境提供的信息而引起的学习者认知结构发生重组与改造的过程。同化是认知结构数量的扩充(图式扩充),顺应是认知结构性质的改变(图式改变)。同化是认知结构的量变,而顺应则是认知结构的质变,学习者是通过同化与顺应这两种形式来达到与周围环境的平衡。

(四)建构主义教师观

建构主义理论认为教师是学习者建构知识的忠实支持者,教师向学习者提出复杂的真实问题,创设良好的学习环境,学习者在这种环境中可以通过实验、独立探究、合作学习等方式来展开学习,自己建构知识和理解的心理模式。教师是学习者建构知识的积极帮助者和引导者,教师通过创设符合教学内容要求的情境和提示新旧知识之间联系的线索,帮助学习者建构当前所学知识的意义。

(五)建构主义教学观

建构主义理论认为教学主要是给学生提供建构知识的框架、思维方式、学习情境以及有关的线索,而不是知识内容的多少。教学应该以培养学生的探索能力和创新能力为目标,教与学之间是互为促进的循环过程,要重视教学活动的安排,教学活动应该在复杂的真实教学情境中进行,教学应保证学习者总是在其"最近发展区"中学习,教学活动要促进学习者的自主精神和创新精神。

在可视化课堂教学中,要充分融入建构主义理论,引导学习者将现有的知识与新知识联系起来,学会从现有知识中引申发散,最终实现教学目的,即实现意义建构。创设情境、小组协作、主动会话、意义建构是融入建构主义理论思想,助力课堂教学高质量发展的现实路径。在课堂教学中,教师可通过利用可视化工具创设问题情境,开展小组协作,组织同伴会话,最终实现意义建构。另外,教师积极利用可视化工具(如思维导图、思维地图等)引导学生积极探究并发散思维，同时观察学生外显出来的知识结构和思维过程，明确其知识现状与能力现状，在此基础上进行启发与教学，真正达到意义建构。

四、 教育神经科学理论

教育神经科学一词最早是由美国哈佛大学肖尔（Jeanne S. Chall）和莫斯基（Allan F. Mirsky）教授于 1978 年提出[①]，是一门将神经科学、心理学、教育学和机器学习整合起来，研究人类教育现象及其一般规律的新兴交叉学科[②]。教育神经科学探索有关学习的脑机制，其主要内容包括脑的功能结构与发展、语言学习的脑机制、数学学习的脑机制和情绪发展的脑机制[③]。教育神经科学具备"超学科"的特征，主要融合了教育学、认知神经学和心理学等相关学科，强调打破学科之间的知识壁垒，促进多学科领域的共同发展。教育神经科学研究指出，教学虽然在特定学科领域、特定时间范围内进行，但是其指向的是让学习者获得能够在任何适当的现实生活中可以使用的、永久保留的记忆或者联系，并能够随时召回。教学本身不是目的，传授新知识也不是目的，重要的是学习者在教学过程中接触到更多知识和经验时可以建立更多知识网络和相互联系。[④]在可视化课堂中融入教育神经科学理论，能够厘清学习发生的内在机制，以便做出适当且适时的干预，实现学习过程可见，因此教育神经科学理论对于构建可视化课堂具有积极的意义。

第一，促进教学活动重构。学习者的知识往往会被保存为语言记忆而被长久留存，在有限的教学时间内，建立新授知识与现有知识网络之间的连接才能更快、更有效地为学习者所吸收。而可视化课堂强调教与学的过程与行为可理解、可计算，注重认知结构重组，这就要求教学活动具有完整的逻辑关系，而

---

① 安东尼奥·M. 巴特罗，库尔特·W. 费希尔，等. 受教育的脑：神经教育学的诞生[M]. 北京：科学出版社，2011.

② Nouri A，Mehrmohammadi M. 2012. Defining the Boundaries for Neuroeducation as a Field of Study. Educational Research Journal，27(1/2).

③ 佘燕云，杜文超. 教育神经科学研究进展[J]. 开放教育研究，2011，17(04).

④ WATAGODAKUMBURA C. 2015. Reviewing the Purpose of Education and Challenges Faced in Implementing Sound Pedagogical Practices in the Presence of Emerging Evidence from Neuroscience. World Journal of Education，5(6).

非单一孤立的片段，以便学习者在连续统一体中获得意义学习。

第二，深化教学评价更新。在教育神经科学研究看来，在理想情况下，教学评价应该说明学习者是否已经形成了持久的记忆或者知识网络，评价过程应该让学习者能够使用连接多个大脑区域的额叶，来提供评价问题的答案。[①] 教育神经科学理论强调对学习者内隐学习效果进行评价，而可视化课堂能够即时呈现学习者的学习行为和学习过程，从而将学习者的内隐学习效果以更加直观的方式呈现，达成对学习者更全面更综合的有效评价。

五、 双重编码理论

双重编码理论（Dual-coding Theory）由美国心理学家佩维奥（Paivio）在 1986 年提出，是可视化的重要理论基础之一。该理论认为人类处理语言对象和非语言对象时具有不同的方式，并假设存在两套不同的表征系统，即语言表征系统和图像编码系统（如图片、图形、动画等），如图 4-1 所示。[②] 语言表征系统是专门用于表征类似于被描述成"组块"的语言对象，通常被认为是层次和关联的结构；而图像编码系统则是用于表征心智图像，被认为是部分—整体关系的结构。

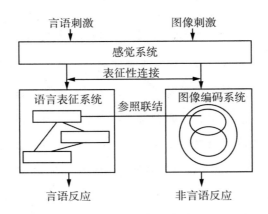

图 4-1　双重编码理论

双重编码理论认为，视觉和言语信息是被不同的通道——视觉通道和言语

①　BIGGS J，TANG C. 2007. Teaching for Quality Learning at University Third Edition. Maidenhead：Open University Press，pp. 374-376.

②　Paivio A. 1986. Mental Representations. New York：Oxford University Press，p. 53.

通道处理的，而人类依赖任务的专业知识或主题领域的先验知识也难以同时参与多个听觉或视觉线索，这证明了每个通道都存在一定的限制，而不同的通道在处理信息时却互不影响。

根据双重编码理论可知，言语信息和图像信息是通过不同的通道进行处理的。因此，在可视化课堂教学中将过程以形象化的形式进行表征，引导学生开展探究，同时将探究对象、数据、思维等用可视化的方式进行呈现，有助于言语信息和图像信息通道之间的联结，提高学生对教学信息的编码能力，从而取得更好的教学效果。

六、 教学设计理论

教学设计是指应用系统化的方法分析，确定解决教学问题的方法、策略和步骤，并对结果做出评价的计划过程和操作程序。[①] 一般来说，教学设计的主要内容包括教学目标的设计、学习者特征分析、教学内容设计、学习活动设计、学习环境设计、教学策略设计、教学评价设计等要素。

教学目标的设计需要从课程标准出发，结合学生的实际情况进行编写。学习者特征分析主要是为了了解学习者的起点水平、学习风格、学习动机和学习自我效能感。[②] 教学内容主要依据教材确定，也可根据教学实际需要进行整合重组。学习活动是学习者及学习群体基于具体的学习目标和学习群体中的游戏规则，利用高效实用的学习工具而实施的相关学习程序的集合。学习环境是为了促进学习者发展特别是高阶思维能力发展而创设的学习空间，是学习者在追求学习目标和问题解决的活动中，可以使用多样的工具和信息资源并相互合作和支持的场所。[③] 学习环境既是现实的物理学习环境，如教室物理空间、教学硬件等，也是虚拟的学习环境，如网络学习空间等。教学策略是连接教学理论与教学实践桥梁，决定教学中"怎么到达那里"的问题。教学策略主要是指在教学目标确定后，根据已有的教学任务和学生的特征，针对性地选择与组合相关的教

---

① 谢幼如. 教学设计原理与方法［M］. 北京：高等教育出版社，2016：3-4.
② 谢幼如，柯清超，尹睿. 教学设计原理与方法［M］. 北京：高等教育出版社，2016：45-59.
③ 钟志贤. 论学习环境设计［J］. 电化教育研究，2005(7).

学内容、教学组织形式、教学方法和技术，形成具有效率意义的特定教学方案。① 教学评价是指按照一定的教学目标，借助一定的方法、手段和工具对教学过程与教学结果进行价值性判断，它主要解决的是"如何知道我们已经到达那里了"的问题。

可视化工具作为教学工具能提升教师课程设计的能力，并帮助教师更迅速准确地理解教材的重难点、合理安排学科内容和教学计划。因此，运用教学设计理论来指导可视化课堂教学，是教师深入学科进行技术整合的一种有效手段。

第二节　可视化课堂的设计方法

教学设计是教学理论与教学实践的桥梁，可视化课堂教学实践需要可视化课堂教学设计理论与方法的指导。本书在明晰可视化课堂与课堂可视化基本理论的基础上，依据可视化课堂的构建理论，结合可视化课堂的相关研究与实践，提出可视化课堂的设计方法，主要包括可视化课堂的教学目标设计、可视化课堂的教学策略设计、可视化课堂的流程结构设计和可视化课堂的教学评价设计，并提供了可视化课堂的设计案例，以期为广大教育工作者开展可视化课堂教学提供理论指导与实践借鉴。

一、 可视化课堂的教学目标设计

教学目标是指对学习者通过教学后应该表现出来的可见行为的具体明确的表述，它是预先确定的、通过教学可以达到的并且能够用现有技术手段测量的学习结果或标准。② 教学目标是课堂教学的出发点与归宿，也是教学评价的依据，对学生的发展具有导向、激励和调控作用。当前，中小学课堂教学目标设计普遍存在认识不到位、表述不准确等问题，以致难以有效落实学科核心素养要求，无法满足学生深度学习需要。在"双减"政策背景下，依据新课程标准，对标课程核心素养，从大单元整体视角，对教学目标进行精准定位、动态调整、准确表述和可视化呈现，是科学设计教学目标设计的现实径路，这有利于落实

---

① 李晓文，王莹. 教学策略[M]. 北京：高等教育出版社，2010：5.
② 谢幼如. 教学设计原理与方法[M]. 北京：高等教育出版社，2016.

立德树人根本任务，推动课堂教学减负增效，为筑牢民族复兴根基提供有力支持。

确定可视化课堂教学目标不仅有助于可视化课堂教学策略的选择，而且可作为组织可视化课堂流程结构的依据和开展可视化课堂教学评价的准则。可视化课堂教学目标要以支持学生创新能力发展和促进课堂动态有效生成为原则，通过数据驱动开展前端分析、人机协同共定教学目标、科学准确表述教学目标和多维可视化呈现教学目标对其进行科学设计。

（一）可视化课堂教学目标的设计原则

可视化课堂教学目标明确了通过可视化课堂教学，学生最终应达到的认知及行为状态，在可视化课堂教学设计和教学实践中具有类似于"指南针"的重要导向作用。为确保可视化课堂教学目标的正确导向，教师需遵循一定原则设计可视化课堂教学目标，其原则主要包括两个方面。

1. 支持学生创新能力发展

当前，我国经济社会已进入高质量发展阶段，不少关键领域发展面临的"卡脖子"问题亟待解决。创新是引领发展的第一动力，抓创新就是抓发展，破解发展难题的关键在于培养主动适应新时代发展需要的一流创新人才。课堂是教育的主战场，是人才培养的主渠道，是实现教育数字化转型和教育高质量发展的重要抓手，培养创新型人才的关键在于课堂。教学目标回答的是"培养什么人"，在教学设计和教学实践中具有重要的导向功能。可视化课堂作为快速促进学生能力提升的新型课堂，其教学目标应能够支持学生创新能力发展，为培养学生创新精神和实践能力提供方向指引及价值遵循。

2. 促进课堂动态有效生成

随着我国教育教学改革的不断深入，我们越来越清楚地认识到，课堂教学已不再是固定不变的预设活动，以弹性预设、动态生成为主要特征的生成性教学将成为未来教育教学的常态。可视化课堂在运用智能技术进行全面可视化呈现与分析教学各要素的同时，同样强调课堂的生成性。设计可视化课堂教学目标应在弹性预设目标的基础上，根据教学过程中涌现出的生成点动态化调整目标，依托智能技术手段可视化达成目标，以促进课堂动态有效生成。①

(二)可视化课堂教学目标的设计方法

可视化课堂教学目标的设计，既需遵循基本原则，也应依照特定方法。一般来说，可视化课堂教学目标的设计方法主要包括数据驱动开展前端分析、人机协同共定教学目标、科学准确表述教学目标和多维可视化呈现教学目标四个步骤。

1. 数据驱动开展前端分析

前端分析是教学目标设计的基础，主要包括学习需要分析、学生特征分析和学习内容分析，三者分别回答了"学生为什么要学""学生是什么样的"和"学生学些什么"三个问题。以教育教学大数据为基础，开展数据驱动的前端分析，是可视化课堂教学目标设计的第一步。学习需要是学生现有知识水平与期望能力状态之间的差距，教师可以结合学生可视化数据画像，从学生发展核心素养、学科核心素养、学科课程标准、单元主题教学目标等方面对学习需要进行分析。学生特征是学生在学习过程中表现出的个性特征，教师可通过日常观察、测试访谈、数据画像等方式对学生的一般特征、学习起点、认知风格、信息素养等多方面进行综合分析，并通过可视化数据大屏的方式进行展现。学习内容是学生为满足学习需要所学习的知识技能和行为能力，教师可以在参考学科知识图谱的基础上，从学生学习内容的目标层次、重点难点、组织方式等方面进行分析。

2. 人机协同共定教学目标

教师智慧与机器智能发挥协同作用，通过对学习需要、学生特征和学习内容进行综合分析，明确了事实、概念、技能、原理、问题解决等不同类别内容所对应的识记、理解、运用、分析、综合和评价等不同层级目标，进而结合学科核心素养，从知识与技能、过程与方法、情感态度与价值观、信息素养等方面明确教学目标。②

---

① 谢幼如. 走进生成课堂[M]. 北京：北京师范大学出版社，2022.
② 谢幼如，邱艺. 走进智慧课堂[M]. 北京：北京师范大学出版社，2019.

3. 科学准确表述教学目标

教学目标表述应力求具体、明确、可操作、可测量，科学准确表述教学目标有助于教学策略的选择和教学活动及教学评价的开展。一般来说，完整的教学目标表述应包括行为主体、行为动词、行为条件和表现程度四个要素，具体要求和方法如下。第一，行为主体一定是学生，不能将教师作为教学目标的行为主体。教师在表述教学目标时可以将"学生"带入教学目标当中，通过检查教学目标逻辑的通顺与否来判断整个教学目标的表述是否得当。第二，行为动词要力求清晰，尽量避免运用类似于"领会""掌握"等模糊的动词，尽可能以"区别""列举""背诵"等可观测、可量化的词语作为教学目标的行为动词。第三，行为条件需限定，以说明学生目标行为表现的特定限制或范围，例如，"在十分钟内""利用智能化工具""通过自主学习"等。第四，表现程度需界定，以测量学生目标行为表现的最低水平，例如，"能够运用至少一种方法求解问题""拼写单词的正确率至少达到80%"等。

4. 多维可视化呈现教学目标

科学准确表述教学目标后，还需对教学目标进行多维度可视化呈现。教师可以进一步思考知识与技能、过程与方法、情感态度与价值观、信息素养等维度与教学目标的逻辑关系和呈现方式。例如，在教学目标的逻辑关系上，除了并列关系和总分关系外，是否还存在主次关系、递进关系、点面关系等。结合学生的认知风格，可视化课堂依托思维导图、概念图、思维地图等可视化工具，以合适的表现方式对教学目标进行多维度可视化呈现。

(三)可视化课堂教学目标的设计案例

案例 4-1：三年级音乐《送别》教学目标设计

该案例选自 S 小学三年级音乐李老师的可视化课堂教学实践。该节课旨在让学生能够感知四拍子节拍的音乐，明晰其强弱规律并能用律动进行表现，同时了解"拍号"的概念，加深对音乐术语"旋律线"的理解。该节课教师为学生提供多种参与体验实践的方式，使得学生每一个概念的形成都是先从感性认识出发，再上升到理性认识，最后达到理解应用，其教学目标设计如下。

※开展前端分析

1. 学习需求分析

学生通过演唱练习和对歌曲进行艺术处理，能用悠长的气息和流畅的声音参与歌曲的演唱表演，并且能从乐曲的听赏中体会作品的内涵与情感，提高音乐的表现力，提高唱歌合作意识。

2. 学习者特征分析

(1)起点能力

学生能够使用音乐课堂中常用的学习软件，了解四拍子节拍的强弱规律，具备初步的简谱视唱能力、音乐审美感知能力，以及体验、感受与探索创造的活动能力。

(2)学习风格

学生已经三年级，参与意识和交流愿望逐渐增强，获得知识和信息的途径也逐步增多。

(3)信息素养

学习者对 Pad 和计算机的使用有较好的基础，具备基本操作的技能，能借助 Pad 和计算机完成学习。

3. 学习内容分析

《送别》是一首由美国人约翰·P. 奥德威谱曲、李叔同填词的歌曲，为影片《城南旧事》中的插曲。《城南旧事》选用了这首在我国近代音乐史上有很大影响的歌曲作为插曲，细腻地表现出主人公小英子忧伤、惆怅的内心感情世界。其中填词者李叔同是将西方艺术引介到中国的先锋人物，是最早应用西方填词技法填词的音乐家之一。

4. 教学重点难点分析

(1)教学重点

学唱歌曲，感受四拍子节拍的强弱规律，并会用身势律动体现四拍子音乐的强弱规律。

(2)教学难点

引导学生唱出歌曲所表达的情感。

※明确和表述教学目标

1. 知识与技能

(1)会唱歌曲《送别》。

(2)能用优美深情的、富有四拍子强弱规律的声音表达歌曲情绪。

(3)能用身势律动体现四拍子音乐的强弱规律。

2. 过程与方法

(1)使用"模拟乐器"感受四拍子的强弱规律。

(2)用"拍手、捻指、拍手、捻指"等动作去体验和运用到聆听四拍子音乐中，创编合适的动作来表现四拍子音乐的强弱规律。

3. 情感态度与价值观

感受歌曲悲伤的情绪，在潜移默化中让学生珍惜友谊。

※呈现教学目标

将本节课教学目标进行可视化呈现，如图 4-2 所示。

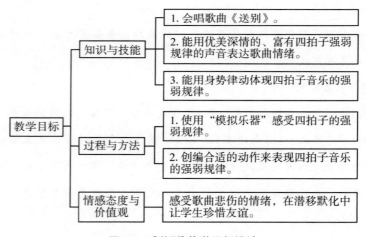

图 4-2　《送别》教学目标设计

二、 可视化课堂的教学策略设计

教学策略是教师为达成教学目标，在教学过程中采取的一系列手段、方式、方法，对教学活动的开展具有重要指导意义。可视化课堂教学策略是在可视化教学理念指导下和可视化技术工具支持下的课堂教学策略，相比于传统课堂的教学策略更加注重依托智能化平台与工具，对课堂知识、课堂数据、课堂思维进行可视化。本书将对可视化课堂策略的五种主要类型做介绍，并提出可视化课堂教学策略的设计方法。

（一）可视化课堂教学策略的主要类型

本书将可视化课堂教学策略分为以下五种主要类型，并对每种类型做简要介绍，以便教师了解可视化课堂教学策略，为根据教学实际情况，综合选择合适的教学策略，开展可视化课堂教学提供有益参考。

1. 学情反馈策略

学情反馈策略是指为提升学生自我认知，促进教师专业发展和调整教师教学活动，对学生学习情况进行描述和评价的教学策略。可视化课堂基于教育大数据和可视化分析技术，针对学生知识能力水平和差异进行系统分析和反馈。教师和学生可以通过智能化平台和工具，以及可视化呈现的学情，根据学情反馈的信息，及时调整教与学的行为。

2. 情境创设策略

情境创设策略是指在教学过程中，利用情境的真实性激发学生的内在学习动机，引导学生积极思维的教学策略。[①] 可视化课堂能够为情境创设提供大量图片、视频、多媒体课件、虚拟仿真等资源，依托智能化平台及工具，教师可以合理选用资源，创设生动、可视的教学情境和学习任务，支持课堂教学活动的开展。

3. 问题探究策略

问题探究策略是指以问题为主线，师生围绕问题开展一系列探究活动，从而使学生获得知识、发展能力的教学策略。可视化课堂能够为师生问题探究活动提供思维导图、概念图、思维地图等思维可视化工具和小组协作工具，记录问题探究的过程性数据信息，并通过多种方式支持问题探究结论的可视化展示，助力问题探究教学的实施。

---

① 谢幼如，邱艺. 走进智慧课堂［M］. 北京：北京师范大学出版社，2019.

4. 知识生成策略

知识生成是知识建构的一种特殊形式，由知识习得、知识产生和知识激活三部分组成[①]，知识生成策略是指促进知识生成的教学策略。对生成性知识进行可视化表征，有助于实现教学目标和创生附加价值。[②] 可视化课堂能够为知识生成提供外显的知识表现方式，学生既可以通过知识可视化工具促进知识生成，还可以借助工具对生成性知识进行可视化展示。

5. 有效评价策略

有效评价策略是指对课堂中师生教与学的行为活动做出客观、准确评价，以促进教师专业发展和学生能力提升的教学评价策略。可视化课堂能够通过采集与分析教学过程中师生多模态行为数据，以人机协作的方式对课堂活动的多个维度开展评价，并对评价结果做可视化呈现。

(二)可视化课堂教学策略的设计方法

设计可视化课堂教学策略需要在分析教学目标和教学内容的基础上，结合教学实际情况，并基于可视化教学理念，利用可视化技术手段，支持可视化课堂教学策略达成，其具体方法主要包括以下六个步骤。

1. 明确具体教学目标

设计教学策略的目的是为了达成特定的教学目标，因此明确具体教学目标是设计教学策略的必要前提。对于不同领域、不同层次、不同要求的教学目标，教学策略都不尽相同。教师在设计教学策略前先应明确具体教学目标，根据教学目标设计合适的教学策略。

2. 确定学科教学内容

教学策略是教学内容的完成方式，不同学科以及同一学科的不同内容都应对应不同的教学策略。因此教师在设计教学策略时还应确定学科教学内容，先明确"教什么"，再思考"如何教"。

---

① 邱艺. 基于网络学习空间的效用性知识生成过程研究[D]. 广州：华南师范大学，2019.
② 李世杰. 基于网络学习空间的生成性知识可视化研究[D]. 广州：华南师范大学，2019.

3. 结合学生实际情况

教师课堂教学的对象是学生，教学的目的是为了发展学生的智慧，铸魂育人。不同的教学班级以及班级中的不同学生都有着各不相同的学习基础、学习风格和学习能力，教师应结合学生实际情况设计教学策略，激发学生的学习动机，助力教学目标的达成。

4. 依据教师能力素养

教师是教学策略的实施者，教师的能力素养决定了教学策略的选择和运用效果。当设计教学策略时教师应充分考虑自身学识、性格、能力、身体状况等，做到扬长避短，选择能够驾驭并且能发挥自己优势特长的教学策略。

5. 依托现实教学环境

教学环境是开展教学活动的客观条件，对教学策略的设计起着制约作用。教师在设计教学策略时应明晰策略的使用条件和适用范围，对照现实教学环境考量该教学策略是否适合运用，并依托现实教学环境设计有效的教学策略。

6. 融入可视化技术手段

在可视化课堂教学策略的设计中，可视化技术手段的融入是一个关键问题。教师需要思考如何利用智能化平台及工具，对标课堂教学目标，全面可视化分析与呈现课堂教学行为数据信息，重构教学内容，再现教学流程，提升可视化课堂教学质量。

(三)可视化课堂教学策略的设计案例

案例 4-2：四年级英语 Look at this T-shirt 教学策略设计

该案例选自 L 小学四年级英语李老师的可视化课堂教学实践。该节课的话题是 Clothes，教学内容围绕衣服价钱和购物开展。通过学习该节课，学生能够表达对衣物价格高低的感受，询问衣物的价格并进行回答，初步掌握购物用语，并模拟购物场景进行对话。针对学生的实际情况和教材的难易点，教师坚持"以学生为主体，教师为主导"的理念，采用以点带面、从易到难的分层教学法，让学生从单词到词条到句型逐步掌握，最后拓展到能对语篇进行描述。在网络和移动设备的支持下，教师大胆地创设情境、组织活动，引导学生交流、分享、展示，最终实现知识的生活化迁移，全面提升学生的语言综合运用能力。

※**教学目标**

1. 知识与技能

(1)能听、说、读、写本单元的单词：复习衣服单词，学习新单词 much，very much，how much，hundred，yuan，too，expensive，will，won't＝will not，take。

(2)能熟练运用以下句型：—How much is the …? —It's ….

—How much are the…? —They are….

—I will take it. / I won't take it.

(3)能运用所学的句型进行购物交流。

2. 过程与方法

(1)学生在购物情境中，逐步自我探究，运用知识，掌握购物表达，加深对语言的理解和记忆。

(2)教师引导学生通过同学间合作完成任务，在活动中相互协助，培养学生的团队精神和合作意识。

3. 情感态度与价值观

鼓励学生将英语与日常生活的具体情境相联系，激发学生对英语学习的兴趣，并引导学生树立正确的消费观，培养生活中应勤俭节约的行为习惯。

※**教学策略**

由可视化课堂教学策略的设计方法可知，该课已明确具体教学目标，确定学科教学内容为学生需掌握衣服的购物表达，主要围绕衣服价钱和购物开展。另外，结合学生实际情况开展教学，四年级学生期待更活泼、更有趣的学习方式，因此确定依托现实教学环境，创设购物情境，以问题的方式引导学生开展探究，让学生在实际生活情境中去学习知识、运用知识。由此，我们可以梳理出本节课使用情境创设策略、问题探究策略。

1. 情境创设策略

情境创设策略是指在教学过程中，利用情境的真实性激发学生的内在学习动机，引导学生积极思考的教学策略。在该课中，教师创设自主学习情境，让学生讨论钱包的数额，引出学习句型"How much … ? It's/They're … yuan?"，并了解价钱的表达方式。

2. 问题探究策略

情境创设策略是指以问题为主线，师生围绕问题开展一系列探究活动得出结论，从而使学生获得知识、发展能力的教学策略。在该课中，教师在课中引导学生进行问题探究，给学生布置到两家商店调查衣服价钱的探究任务，通过对学生小组信息分享与统计，在平台上进行总结并可视化呈现，同学生分享选出的最佳购物方案。

三、 可视化课堂的流程结构设计

教学结构是指在一定教育思想、教学理论、学习理论指导下的，在某种环境中展开的教学活动进程的稳定结构形式。[①] 可视化课堂的流程结构是教师与学生围绕可视化课堂教学目标达成而开展的一系列教学活动过程，是可视化课堂教学策略应用的具体表现。设计可视化课堂流程结构需要明确"可视化什么"以及"如何可视化"两个关键问题，在此基础上设计可视化课堂教学流程。设计可视化课堂教学流程，一方面需要依托智能化平台及工具收集并分析课堂行为数据，另一方面还需对课堂知识、数据、思维进行可视化呈现。这就需要以可视化课堂目标为导向，确定可视化课堂的教学环节和教学内容，明确可视化要素并选择可视化手段，以学生的知识习得和素养提升为核心设计可视化课堂教学流程。

(一)可视化课堂流程结构的设计方法

为有效指导可视化课堂教学实践开展，促进课堂知识、课堂数据和课堂思维可视化，达成可视化课堂目标，可依照对标课堂教学目标、设计可视化教学环节、设计课堂教学流程三个步骤设计可视化课堂流程结构。

1. 对标课堂教学目标

设计可视化课堂流程结构的目的是为了更好地开展教学实践、达成教学目

---

① 何克抗. E-learning 与高校教学的深化改革(上)[J]. 中国电化教育，2002(02).

标。因此，设计可视化课堂流程结构首先应该对标可视化课堂教学目标，明确通过课堂教学学生应达到的知识、能力、素养等方面的具体水平，根据教学目标设计可视化教学环节和课堂教学流程。

2. 重构课堂教学内容

传统教学内容的设计是以课时为单位进行的，相对割裂知识点与知识点之间的联系，存在教学内容组织程序化、教学内容呈现单一化等问题，学生难以对知识内容进行汇聚创新，无法满足学生个性化发展的需要。可视化课堂注重以学习成果为导向，转变传统的基于课时和知识点的观念，从学科核心素养出发，以大单元的形式重构教学内容，以任务群、问题链的方式设计教学内容，从而引导学生进行深度学习，最终实现学生的高阶思维品质与能力的提升。[①] 另外，可视化课堂教学内容的呈现方式应面向智能时代人才培养需要，遵循因材施教的理念，教师可以结合国家智慧教育公共服务平台（https://smartedu.cn/）提供的内容与资源，运用智能技术实现教学内容的私人定制和自适应供给，为每一个学生提供适合的教育内容。

3. 确定可视化教学环节

教学环节是为达成教学目标，以时间序列安排的教学活动步骤，通常为师生教学活动的精练概括。可视化教学环节特指应用可视化技术手段的教学活动步骤。确定可视化教学环节需要教师根据学科类别、课型、教学内容、师生特征、教学环境、技术支持等综合确定。

4. 明确可视化要素

可视化要素是可视化手段的作用对象，回应的是"可视化什么"这一问题，通常为课堂教学活动中的知识、数据、思维等。明确可视化要素需要在归并、重构教学内容的基础上根据教学实际需要，依托教学环境，结合学生认知基础和认知特点进行综合考量。

5. 选择可视化手段

可视化手段是可视化要素的处理方式，回应的是如何可视化这一问题，包

① 谢幼如，黎佳. 智能时代基于深度学习的课堂教学设计[J]. 电化教育研究，2020，41(05).

括对课堂教学中的知识、数据、思维进行可视化的技术手段。选择可视化手段需要在确定可视化要素的基础上，依托可视化技术平台、资源、工具，设计收集、转换、处理、分析、表达可视化要素及其结果的方法。例如，教师在可视化课堂中可以利用网络学习空间收集学生的在线学习行为数据，生成每个学生的精准学情画像，并以图表的形式进行可视化呈现；再者，教师在可视化课堂中教授历史文化或化学实验的有关内容，可以利用交互式的虚拟仿真实训资源代替文字、图片等教学资源，促进学生的知识建构。

6. 设计可视化课堂教学流程

可视化课堂教学流程以学生为主体、教师为主导、教学目标为导向，通过开展"大单元—任务群—问题链"的方式重构教学内容，在明确可视化要素和选择可视化手段的基础上，对应课堂教学环节，预设教师和学生的课堂教学活动。一般来说，可视化课堂教学流程的师生教学活动主要包括以下四类。

（1）创设真实问题情境

真实问题情境有利于激发学生的内在学习动机，培养学生的创造性思维和真实问题解决能力。教师在可视化课堂中创设真实问题情境可以依据学生的个性特征、认知状况和生活实际情况，结合教学内容特性，采用可视化的资源平台及工具，将抽象的知识具体化、形象化，为开展可视化课堂活动提供支撑。

（2）开展多元互动探究

课堂互动是指为调动学生学习的积极性和主动性，师生间相互交流探讨的一种教学组织形式。可视化课堂强调多元互动探究，利用可视化的技术手段呈现并记录探究过程，通过师生互动、生生互动、人机互动等多元互动方式，学生能够可视化展现自己的思维活动，在多元互动探究中实现群体知识建构和知识生成。

（3）汇报展示学习成果

学习成果是指人们通过学习所获得的可以实现人的各种行为的能力[1]，在课堂教学中表现为学生通过完成学习活动生成的知识和能力。在可视化课堂中，教师可以引导学生运用可视化技术，以图表、短视频等方式展示学习作品、学

---

[1]　顾明远. 教育大辞典[M]. 上海：上海教育出版社，1992：4299.

习报告等学习成果，达到活跃学生思维、培养学生能力、促进教学评价的效果。

（4）开展可视教学评价

教学评价是教学活动中的重要组成部分，是对教学活动的过程及结果作出价值判断的行为。传统教学评价有的存在评价内容片面、评价方法不科学等问题，不能有效发挥评价促学的功能作用。基于可视化课堂的教学评价能够通过收集师生的行为数据，量化课堂教学，对课堂教学进行多维度、全方位的分析评价，并通过可视化、动态化的图表进行呈现，从而有效指导与评价课堂中师生教与学的行为活动。

（二）可视化课堂流程结构的设计案例

案例4-3：五年级语文《将相和》流程结构设计

该案例选自 T 小学五年级语文杨老师的可视化课堂教学实践。该节课教学内容选自统编版教材中第三个阅读策略单元。该单元所需学习的阅读策略是提高阅读速度的方法。在这个单元中，教师开展"有起点"的教学，在理解的基础上重点训练默读的速度，培养学生运用"速读"策略的意识和能力。结合单元主题及学生认知特点，该节课主要以情境创设教学理念和探究式教学理念为指导进行设计，其教学流程结构设计如下。

※流程结构设计

该节课主要包括"通览单元，明确任务""创设情境，激趣唤醒""尝试探究，寻找方法""深入阅读，方法运用""暂停脚步，总结反思"和"延伸话题，积极阅读"六个环节，其流程结构设计如图 4-3 所示。

1. 通览单元，明确任务

教师首先利用云平台、全景平台推送习题进行学情前测，通过 Pad 的反馈数据可视化分析学情。学生在 Pad 上独立进行测试，并从单元页、导读提示、交流平台等信息，明确本单元的学习任务是学习提高阅读速度的方法，在阅读过程中有一定的速度意识，并能快速梳理出单元知识脉络。

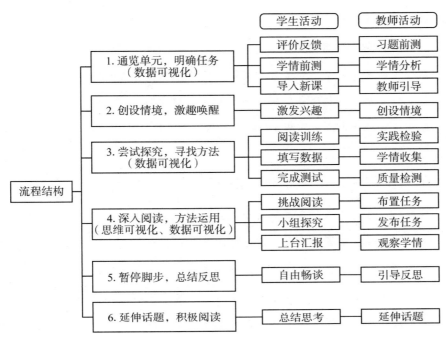

图 4-3 《将相和》流程结构设计

2．创设情境，激趣唤醒

教师创设情境，引导学生探究，激起学生的学习兴趣并使学生进入教师创设的阅读提速策略探究之旅。

3．尝试探究，寻找方法

教师布置阅读任务。学生自由选择一种或几种阅读提速方法，快速默读课文，读完记下自己的阅读用时。学生在全景平台填写问卷，使现场生成数据让学情可视化。教师收集学生阅读时间的数据，使数据可视化，看各个学生速度在班级处于什么位置。

4．深入阅读，方法运用

教师布置挑战阅读任务，并对学生进行阅读计时，请学生梳理故事之间的关系并进入全景平台完成任务，运用全景平台画板功能实现数据可视化。教师同步后台观察学情，根据不同学情与学生个性化交流，最后让学生进行讨论汇报。

5．暂停脚步，总结反思

教师引导学生对今天的探究之旅总结，分享自己的感受或者收获。学生通过单元主题语，结合今天的阅读体验，画出其中的关键词，简单说明理由，畅谈今天的课程收获与感想。

6. 延伸话题，积极阅读

教师总结今日学习：一是自由体验，二是积极挑战。教师进一步提出希望这趟探究之旅永远持续下去，脚步不停歇，头脑要"设法"，做一个（　　）的阅读者。学生跟随老师步伐，总结方法要点，做一个积极的阅读者。

案例4-4：六年级语文"快乐读书吧"流程结构设计

该案例选自L小学六年级语文李老师的可视化课堂教学实践。讲授的是统编版教材六年级上册中的内容。该课时的教学目标是让学生通过厘清人物关系的方法读懂故事，能与同学分享书中的情节，感知性格各异的人物形象，并能联系自己的生活有所启发，产生阅读更多成长故事的兴趣和愿望。结合单元主题及学生认知特点，该节课主要采用思维可视化方法进行设计，其教学流程结构设计如下。

※流程结构设计

该节课主要包括"展示阅读记录，读懂故事""整理故事情节，感受主人公形象"和"聚焦主题，拓展阅读成长小说"三个教学主题活动，其流程结构设计如图4-4所示。

1. 活动一：展示阅读记录，读懂故事

(1)教师展示并引导学生欣赏上一阶段阅读记录。

(2)教师请每个学生在阅读《童年》时采用思维可视化的方法做出自己的人物环形图。同时，学生根据自己的人物环形图，和同学们聊聊自己对这些人物的评价和想法。

(3)学生借助书中的主要人物谈一谈小说的主要内容。

(4)学生总结梳理小说中的人物关系，帮助学生更加读懂故事。

2. 活动二：整理故事情节，感受主人公形象

(1)教师引导学生聚焦主角成长，请学生思考阿廖沙经历了哪些主要事件呢？通过思维可视化的方法展示故事的情节链，与同学们展开充分的交流来进行相互补充。

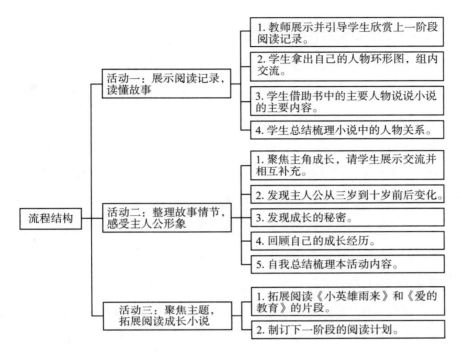

图 4-4 "快乐阅读吧"流程结构设计

(2)通过比较分析故事主人公阿廖沙三岁到十岁的经历,学生发现主人公前后发生了什么变化?

(3)借助人物环形图和阿廖沙的主要经历,学生思考在主人公的成长中,是什么给予主人公成长的力量,从而发现成长的秘密。

(4)学生回顾自己的成长经历,思考在自己的成长过程中,哪些人给自己带来了影响,写下自己想对他们说的话。

(5)教师引导学生进行主题小结。在我们成长的过程中,很多人和事会给我们留下温暖和美好,也有些人有些事却会在我们心里画上灰暗的一笔。不管怎样,《童年》记录了阿廖沙的成长故事,都给了我们许多有益的启示。

3. 活动三:聚焦主题,拓展阅读成长小说

(1)学生拓展阅读《小英雄雨来》和《爱的教育》的片段。交流文段中的主人公给你留下怎样的印象。

(2)学生用可视化思维导图制订下一阶段的阅读计划。

四、 可视化课堂的教学评价设计

教育评价事关教育发展方向，有什么样的评价指挥棒，就有什么样的办学导向。2020年10月，中共中央、国务院印发《深化新时代教育评价改革总体方案》，提出着力破除"五唯"顽瘴痼疾，整体推进"四个评价"，即改进结果评价、强化过程评价、探索增值评价、健全综合评价，并明确指出应改进中小学校评价，义务教育学校和普通高中应重点评价学生全面发展等情况。教学评价作为教育评价的重要内容，是指以教学目的为标准，通过科学的测评方法对教学过程与教学结果做出相关判断与价值评定[①]。新时代的教学评价应当落实立德树人根本任务，在"双减"背景下对标核心素养要求与具体教学目标，综合评价教学活动过程及成效，促进学生全面发展，为党育人、为国育才。

可视化课堂教学评价是指以可视化教学理论为指导，为促进学生全面成长和教师专业发展，对课堂中的学业数据、言语数据、行为数据、心理数据、生理数据等多模态数据进行全面采集与融合分析，通过交互式图表等可视化技术手段表征数据分析结果、呈现教学实时动态，实现对教与学活动过程科学评判的教学评价方式。可视化课堂教学评价具有以下两个关键特征。一是强调评价的科学性。可视化评价需要从教与学的多个维度收集并分析多模态数据，对教师教学和学生学习进行科学评价，不仅要关注学生的外显学习行为和学习成果，而且要关注教学的育人成效。二是强调评价的可视化。在多模态数据融合分析的基础上，通过数据大屏实时展示交互式图表，可视化表征数据分析结果，能够全面直观地呈现教学动态，形成学生个人及学生群体的数字画像，帮助学生有效调整学习策略和学习活动，助力学生全面发展。

(一)可视化课堂教学评价的主要类型

可视化课堂评价关注学生学习过程中知识、数据和思维的可视化呈现和运用，力图站在客观的角度提出干预方案，从而促进科学决策，有效提高课堂教学效能。由此，可视化课堂评价的类型主要有以下三种。

---

① 宋灵青，谢幼如，王芹磊，李世杰. 走进翻转课堂[M]. 北京：北京师范大学出版社，2019：148-149.

1. 知识诊断评价

知识诊断评价是指利用图形、图表等可视化方式直观呈现学习者的知识水平达成情况。具体来说，它可以利用饼状图、直方图、雷达图、思维导图等方式，呈现学生个体以及班级总体的知识掌握情况。这样既有利于教师了解学生的知识掌握情况，又能使教师针对学情薄弱点及时调整课堂教学策略。

2. 学习行为评价

学习行为评价是指依托智能教育产品、物理传感设备等对学生的言语行为和非言语行为等表征数据进行全面采集与融合分析，进而对学生的学习行为模式和发生机制进行理解和价值性判断的评价方式。例如，教师可以依托智能教育产品采集班级整体和学生个人的过程性学习数据，主要包括学生的平时练习情况、作业完成情况、课堂互动情况、平台资源使用情况、课后自主练习与交流情况等，对学生人机交互、学习投入等学习行为进行综合评价。

3. 课堂效果评价

课堂效果评价是指通过对课堂中师生教与学的全过程进行系统分析，以此反映整堂课的教学效果。具体来说，可以利用人工智能大数据分析系统对课堂中教师的授课状态、学生的行为与情感表现以及课堂交互有效性等进行智能化分析和可视化呈现，为教师的反思与诊改提供数据支撑和有效参考，从而进一步提升教师的教学能力和水平。

(二)可视化课堂教学评价的设计方法

可视化课堂评价将教与学过程中产生的数据信息通过图形化方式直观呈现，是教学评价改革的重要方向之一。它强调利用人工智能、大数据等信息技术手段和工具，可视化学生学习过程和学习行为，从而全方位、多角度呈现学生的学习效果，为开展科学决策提供重要支撑和依据。

1. 关注新时代评价理念

面向新时代的可视化课堂教学评价，应以落实立德树人根本任务，培养德智体美劳全面发展的新时代创新人才为价值导向，站在生命的高度，关注知识、能力和素养等目标的达成情况，依据学生个体差异和最近发展区，由浅至深逐步提升学生的认知水平和能力素养。

2．采集多模态数据信息

教师可以根据课堂教学目标和评价指标体系，依托智能教育终端、可穿戴设备等，采集学生的课堂行为表现、作业考试成绩、人机交互日志、运动表现情况等多模态数据，实现教学评价的多维信息感知与采集。

3．生成可视化分析报告

教师通过智能教育终端可以查看自动生成的实时可视化数据分析报告，将教师智慧与机器智能相结合，做出价值判断，实现教学评价的多模态数据表征与应用。

此外，教师还可以积极探索各种智能技术手段及工具在可视化课堂中的有效运用，将学生在学习过程中生成的资源、成果等以具象化的方式呈现，帮助学生发现学习过程中存在的问题，实现对学习过程的自我监控和调节，凸显学习的个性化与自主性；教师依据此及时诊断学生学情，做出科学决策，从而促进课堂教学有序、健康发展。

（三）可视化课堂教学评价的设计案例

案例 4-5：八年级数学"三角形的外角"教学评价的设计

该案例选自 L 中学八年级数学王老师的可视化课堂教学实践。通过该节课的学习，培养了学生的演绎推理能力、几何语言表达能力，对促进学生基本数学思想和素养的形成有较为重要的作用。该节课是在探究三角形内角后的自然延伸，也是后续学习"多边形""特殊三角形"和"特殊四边形"等知识的基础，让学生体会到知识结构的整体性和拓展性，起到了承上启下的作用。

※**教学目标**

1．知识与技能

(1)理解外角的定义并掌握三角形外角的性质。

(2)能够运用三角形外角性质解决相关计算以及生活中的实际问题。

2．过程与方法

体会数学的"转化"思想，通过探究三角形外角性质提高演绎推理能力，落实核心素养。

3. 情感态度与价值观

(1)感受信息技术与数学学科及现实生活的紧密联系，培养学生的数学思维以及对数学的学习兴趣，并渗透爱国情感教育。

(2)通过小组协作的学习方式，培养学生协作探究的精神。

※**教学评价**

依据该节课的教学目标，为检验学生对三角形外角的性质的掌握情况，采用知识诊断评价的方式，利用信息技术，反馈学习效果，进行可视化呈现，其教学评价设计如下：

在该节课中，教师摒弃了以往全班统一做题对答案的教学方式，转而以个性化教学理念为指导，依托智慧课堂平台，通过课前学生客观题答题情况统计报告，自动将学生分为 A、B、C、D 四层开展分层教学，并额外设置了针对 A 层和 B 层的梯度练习题。学生完成练习后可以通过每道题后配备的详细解题过程解决共性问题，另外还可以通过扫描二维码观看视频解决个性化疑难问题。具体如图 4-5 和图 4-6 所示。

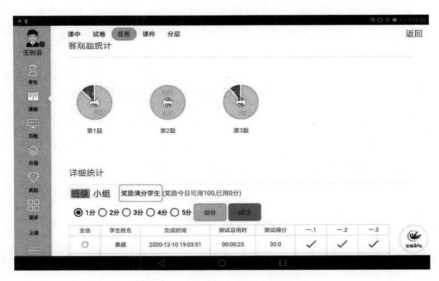

图 **4-5** "三角形的外角"课前答题情况

图 4-6 "三角形的外角"学生分层情况

案例 4-6：六年级英语 Feeling Fun 教学评价的设计

该案例选自 C 小学六年级英语的可视化课堂教学实践，该单元的教学内容出自广东人民出版社出版的《英语》六年级下册的 Unit 6 Feeling Fun 中的 Sounds and Words 板块。该课主要是学习元音字母组合 air，ere，ear 的发音，教材内容由两部分组成：第一部分是 6 个含目标语音的单词：chair，hair，bear，pear，where，there；第二部分是一首题目为 Where is the chair 的歌谣。

※**教学目标**

1. 知识与技能

（1）能够正确分辨 air，ere，ear 的读音，并拼读出 6 个含有 air，ere，ear 发音的目标单词。

（2）能根据绘本语境理解故事大意，在图片的帮助下正确朗读故事。

（3）能够快速、流利并准确朗读 air，ere，ear 的绕口令。

2. 过程与方法

通过自主总结归纳 air，ere，ear 的发音规律，实现知识迁移，拼读出没有学习过的其他含有 air，ere，ear 发音规律的单词。

3. 情感态度与价值观

感受英语学习的快乐，发展对英语的兴趣。

※**教学评价**

依据该节课的教学目标，为检验学生对字母组合发音的掌握情况，采用知识诊断评价的方式，并依托智能教育 App 采集学生数据，利用平台的数据可视化功能展示，其教学评价设计如下：

该节课教师利用智能 App 的精准评测和可视化呈现的功能，向学生推送个性化试题，检验学生对字母组合发音的掌握情况。另将学生的发音掌握情况分为三个评价等级，90～100 分为优秀（语音标准，清晰，流畅，停顿合理，并能模仿到语调），70～90 分为良好（语音标准，清晰，流畅，停顿合理），70 分以下为未达标（语音未标准，尾音不清晰，不流畅），并将学生吟唱歌谣环节得分情况和 Pad 语音练习情况进行可视化呈现，方便进行知识诊断评价。

第三节　可视化课堂的典型案例

一、 小学可视化课堂的典型案例

案例 4-7： 四年级数学"鸡兔同笼"

该案例选自 Z 小学四年级数学赖老师的可视化课堂教学实践。这是一节以帮助学生掌握转化、数形结合、建模等数学思想和方法为主要内容的数学课。在该课中，赖老师结合单元主题及学生认知特点重构教学内容，以可视化教学理念和生成性教学理念为指导开展小组探究，其具体设计如下：

※**选取教学内容**

"鸡兔同笼"是我国古代著名数学趣题之一，最早出现在《孙子算经》："今有鸡兔同笼，上有三十五头，下有九十四足，问鸡兔各几何？"教材通过"鸡兔同笼"的历史背景，渗透人文教育和转化的数学思想，同时列举了"猜测法""列表法""假设法"和课后的拓展"抬脚法"等方法供学生学习和探究，从而培养和发展学生的数学思考能力、推理能力，帮助学生学习和积累解决问题的方法经验，感受数学思想和方法的重要性。

※**确定教学目标**

1. 知识与技能

(1)理解"鸡兔同笼"问题的结构特点及数量关系。

(2)能够运用多种方法求解"鸡兔同笼"问题，区分各方法的不同之处和解题特点，形成解决此类问题的一般性策略。

2. 过程与方法

(1)经历猜测、列表、假设等探究过程，感受问题解决思路及方法的多样性。

(2)通过分享交流、互动探究等学习活动，增强合作意识及提升逻辑推理能力。

3. 情感态度与价值观

(1)了解我国古代数学文化，提升民族自豪感。

(2)感受生活中数学问题的趣味性，激发好奇心和求知欲，体会数学的价值。

※**明确教学重点难点**

1. 教学重点

掌握解决"鸡兔同笼"问题的方法，体会数形结合和学习建模的思想。

2. 教学难点

(1)掌握运用假设法解决"鸡兔同笼"问题的算理。

(2)对"鸡兔同笼"问题求解方法进行迁移应用，解决生活中的实际问题。

※**开展学情分析**

1. 起点能力

四年级的学生，已经在一至三年级学习过画图法、列表法等方法，其背后蕴含的数形结合、枚举与假设的思想可为四年级学习解决"鸡兔同笼"问题提供支持。这就需要在教学设计中体现不同方法的探究和应用，通过可视化的手段对不同方法进行展现和区分，个性化地帮助学生更好地理解和应用数学思想。

2. 信息素养

四年级的学生对借助信息技术和利用 Pad 学习的兴趣很大，乐于用在线教学平台功能进行学习和交流。同时，经过前期的操作培训，学生基本上能简单地在 Pad 上完成打开老师发送的作业或文件、拍照上传作业与相互批阅，以及在 Pad 上进行独立答题、抢答和提交答案。

※选择教学策略

该节课运用基于问题导向的教学策略。该节课的教学策略是在教师的引导下，以学生为中心，以问题为基础，实施课堂教学。课上，学生小组在教师的引导下围绕"鸡兔同笼"的问题解决方法开展讨论并做展示汇报，以培养学生的合作能力、数学思维和创新能力。

※设计可视化教学环节（见表 4-1）

表 4-1   "鸡兔同笼"可视化教学教学环节

教学环节	教学内容	可视化要素	可视化手段
数据可视，反馈学情	"鸡兔同笼"数学问题及历史背景	课前学习掌握情况（数据）	学习平台
合作探究，展示汇报	三类"鸡兔同笼"问题解决思路	小组合作探究过程（思维）	概念图，屏幕广播
归纳小结，重点突破	求解"鸡兔同笼"问题的猜测法、列表法和假设法	三种方法的关系（知识）	思维导图，拍照上传
总结反思，多元评价	"鸡兔同笼"数学问题及其求解方法归纳	本课学习内容（知识）学生学习情况（数据）	思维导图，评价量表，学习平台

※设计教学流程

该节课主要包括"前置预学，初步感知""数据可视，反馈学情""合作探究，展示汇报""归纳小结，重点突破""分层练习，巩固提升""总结反思，多元评价""知识回顾，拓展延伸"七个环节，其教学流程如图 4-7 所示。

1. 前置预学，初步感知

教师通过粤教翔云平台向学生推送微课、学习任务单等课前学习资源，引导学生观看微课并完成学习任务单任务，初步感知"鸡兔同笼"问题及相关历史背景，渗透文化历史。

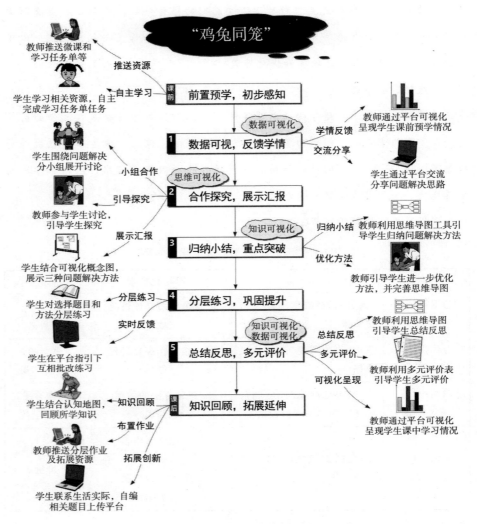

图 4-7 "鸡兔同笼"教学流程

2. 数据可视，反馈学情

教师展示学生课前在平台上的预学情况数据统计图，可视化呈现学生对课前相关知识的掌握情况，引导学生利用 Pad 将学习任务单上的问题解决思路拍照上传至云平台，鼓励学生针对课前所学进行交流分享。

3. 合作探究，展示汇报

教师围绕学生分享的"猜测""列表""假设"三类问题解决方法，组织学生以小组合作的形式展开讨论，依托云平台的师生互动工具引导学生探究。学生分小组展开讨论，在云平台思维可视化工具的支持下形成问题解决方法，利用 Pad

拍照上传至云平台，以展示概念图的方式面向全班汇报小组合作探究成果。

4. 归纳小结，重点突破

教师利用思维导图工具引导学生归纳求解"鸡兔同笼"问题的猜测法、列表法和假设法，比较这三种问题解决方法的异同，引导学生感受问题解决思路及方法的多样性，并进一步引导学生梳理和优化方法内容，完善思维导图。

5. 分层练习，巩固提升

教师通过云平台向学生推送不同难度的练习题，引导学生选用一种方法进行分层练习，对通过平台求助的学生进行个别辅导答疑。学生完成练习后在平台的指引下批改练习，获得实时反馈。

6. 总结反思，多元评价

教师利用课上师生共同建构生成的思维导图可视化呈现"鸡兔同笼"的三类问题解决方法，引导学生对所学知识内容进行总结反思，通过平台发放多元评价表，引导学生进行自我评价和生生互评，最后通过平台可视化呈现学生课中的学习情况。

7. 知识回顾，拓展延伸

教师通过平台推送学习认知地图及相关学习资源，学生回顾所学知识，完成分层作业及拓展资源，结合所学内容及生活实际，自编相关题目上传平台。

※开展教学评价

该节课中，教师依托智能教学云平台以可视化方式诊断和分析学生的预学情况，开展并记录学生多样化的学习活动和形成学习成果，对该节课的教学过程及教学目标进行基于数据的多元评价。

课前，教师通过云平台推送相关学习资源和学习任务单，诊断学生的课前预学情况。

课中，教师通过云平台记录学生小组的探究过程和生成的问题解决方法，并对学生小组的汇报进行点评反馈；接着，教师推送分层练习题，对有学习困难的学生进行个别指导，引导学生在平台的指引下能够实时查看班级练习统计图；随后，教师通过平台发放多元评价表，引导学生进行自我评价和生生互评；最后，教师通过平台可视化呈现学生课中学习情况。

课后，教师通过云平台推送拓展资源，引导学生完成练习并自编题目上传平台。

二、 中学可视化课堂的典型案例

案例 4-8：八年级历史《钢铁长城》

该案例选自 W 中学八年级历史张老师的可视化课堂教学实践。这是一节以展现我国国防和军队建设为主要内容，旨在培养学生的爱国主义精神和家国情怀的历史课。在该课中，张老师应用可视化教学和生成性教学理念，以长城这一象征为线索引入课题，明晰钢铁长城的内涵，并按照历史、成就和人物组成的时空路线展现钢铁长城的铸造过程。其具体设计如下：

※**选取教学内容**

《钢铁长城》是统编版教材《中国历史》八年级下册第五单元的第 15 课。该课以国防现代化为主线，主要讲述了从中华人民共和国成立以来，中国国防和军队建设的发展，展现了由单一兵种到诸兵种合成的转变，以及武器装备向现代化迈进的发展之路。海军、陆军、空军和火箭军的发展，为社会主义现代化建设提供了强有力的保障，筑起了保卫祖国的钢铁长城。①

※**确定教学目标**

1. 知识与技能

（1）了解我国人民陆军、海军、空军、火箭军的发展状况，认识我国不断提高的国防和军队实力。

（2）了解新时代强军行军事业持续推进的情况，认识我国国防和军队建设取得的巨大成就。

（3）理解国防和军队建设对国家发展的重要作用。

2. 过程与方法

（1）通过收集整理我国国防建设的相关资料，提高信息素养。

（2）通过互动探究、展示交流等学习活动，增加团队协作能力。

3. 情感态度与价值观

通过了解和分析我国国防建设的发展历程及其重要成就，增强对中国共产

---

① 　人民教育出版社-初中历史. 第 15 课《钢铁长城》教学设计［EB/OL］. https://www. pep. com. cn/czls/bbbczls/bbczlswd/201907/t20190730_1943721. html，［2022-01-18］.

党和国家的认同感，培养爱国主义精神。

※明确教学重点难点

1. 教学重点

了解我国国防和军队建设所取得的历史性成就。

2. 教学难点

(1)明晰我国国防建设取得历史性成就的原因。

(2)理解当今国际形势下我国加强国防建设的必要性。

※开展学情分析

1. 起点能力

学生在之前的历史课中学习了新政权巩固、社会主义探索和改革开放的有关内容，为本节课知识学习奠定了一定的认知基础。另外，在八年级学生中，大多学生都缺乏系统性军事知识，对我国国防与军队建设发展的关注度不高、认识不够深入。因此需要以可视化手段呈现我国国防和军队建设取得的历史性成就，以小组合作探究与展示交流的活动形式激发学生的爱国热情，增强学生的国防观念和国家安全意识。

2. 信息素养

八年级学生具备一定的分析、解决问题的能力和信息技术应用能力，对信息化平台和工具的基本操作较为熟练，此前使用过思维导图和概念图可视化展现思维过程及结果，基本能够通过在线学习平台完成自主学习和小组合作探究。

※选择教学策略

该节课选用知识生成策略开展课堂教学。该策略是促进学生知识形成、建构、迁移和运用的教学策略。课上，学生以小组合作的方式利用思维导图工具进行群体知识建构，围绕我国国防建设取得历史性成就的原因开展探究，生成知识成果，并通过多元互动交流进一步促进知识生成。

※设计可视化教学环节(见表 4-2)

表 4-2 《钢铁长城》可视化教学设计

教学环节	教学内容	可视化要素	可视化手段
学情反馈，导入新课	新中国国防事业发展历程及其重要成就的历史背景	课前学习掌握情况（数据）	学习平台

续表

教学环节	教学内容	可视化要素	可视化手段
阅读材料，初步感知， 小组合作，互动探究	我国国防和军队建设取得的历史性成就	我国国防和军队建设取得的历史性成就的知识内容和梳理思路 （知识）（思维）	微视频，思维导图
知识生成，展示交流	我国国防建设取得巨大成就的原因	国防建设取得成就的原因 （知识）	鱼骨图
课堂小结，巩固练习	新中国国防事业发展历程及其重要成就的归纳总结	课堂知识内容结构 （知识）	概念图，学习平台

※设计教学流程

该节课主要包括"自主预学，收集资料""学情反馈，导入新课""阅读材料，初步感知""小组合作，互动探究""知识生成，展示交流""学习事迹，品读颂词"和"课堂小结，巩固练习"七个环节，其教学流程如图 4-8 所示。

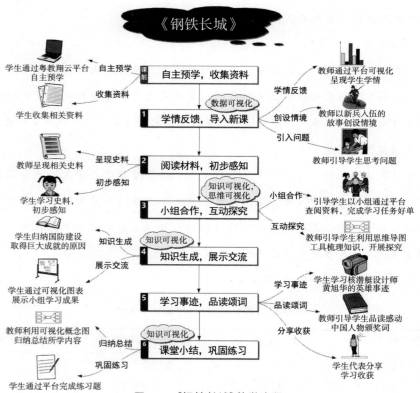

图 4-8　《钢铁长城》教学流程

1. 自主预学，收集资料

教师通过粤教翔云平台向学生推送有关我国国防和军队建设的背景资料资源，引导学生自主预习课件并观看微课，在教师发布的任务指导下自行收集新中国国防事业发展历程及其重要成就的历史资料，通过平台进行资源共享。

2. 学情反馈，导入新课

教师通过平台以可视化数据统计图的方式向学生呈现课前预学情况，展示部分学生收集的资料，以 W 中学两位毕业生入伍的故事创设学习情境，并引导学生联系已学的"开国大典"的相关知识，思考并回答长城与"钢铁长城"的异同。

3. 阅读材料，初步感知

教师呈现开国大典阅兵以及新中国刚成立时我国国防和军队建设的历史资料，引导学生认识历史，并引导学生思考：新中国已走过 70 多年，我国国防和军队建设状况会有什么不同。

4. 小组合作，互动探究

教师播放新中国成立以来我国国防和军队建设取得历史性成就的微课视频，通过平台向学生小组推送学习资源和学习任务单，引导学生小组以合作互助的方式查找学习资源，利用思维导图工具梳理知识内容，并为有需要的学生小组提供帮助。学生合作查阅相关资料，完成学习任务单任务，在教师引导下开展互动探究。

5. 知识生成，展示交流

学生小组在互动探究的基础上，结合阅读我国核潜艇建造的相关材料，以鱼骨图的方式总结归纳"自新中国成立以来，我国国防建设取得巨大成就的原因"，实现知识生成，将知识生成成果通过 Pad 拍照上传至平台，并向全班同学进行展示汇报和分享交流。教师及其他同学为汇报提供反馈和建议。

6. 学习事迹，品读颂词

教师播放感动中国人物"核潜艇之父"黄旭华的颁奖典礼视频，引导学生感受我国核潜艇研发过程的艰辛和老一辈科学家为祖国无私奉献的精神，并引导学生品读感动中国人物颁奖词，鼓励学生分享对"钢铁长城"以及当今国际形势下我国加强国防建设的认识。

7. 课堂小结，巩固练习

教师利用可视化概念图对我国国防和军事建设取得的历史性成就进行归纳总结，联系中国共产党成立 100 周年大会新闻引导学生关注我国强军事业发展，进一步强化课堂，通过平台推送巩固练习题和自我学习评价量表，引导学生完成练习并进行自我学习评价。

※开展教学评价

该节课中，教师依托智能教学云平台记录学生过程性学习数据，以可视化的方式呈现学生课前预学情况并在课中记录学生学习过程，并通过练习题和量表为评价学生学习提供参考。

课前，教师通过平台向学生推送相关历史资料，引导学生自主预习课件并观看微课，平台记录学生的预学情况。

课中，教师通过平台记录学生小组的互动探究过程和知识生成成果，为学生小组提供帮助和反馈，并通过引导学生完成巩固练习题来综合评价学生课堂学习的成效，以及通过收集学生的自我评价量表来获知学生学习的自我效能感。

三、 中职可视化课堂的典型案例

案例 4-9：中等职业学校"跃动乒乓，灵动艺匠——乒乓球反手拨球技术"

该案例选自 L 职业学校美发与形象设计专业人才培养方案中设置的"乒乓球基础"课程。该案例针对美发与形象设计专业人才对手腕柔韧性和精细用力的特别要求，选取"反手拨球技术"作为教学内容，采用任务驱动和分层教学理念，结合多种信息化资源、智能球拍等可视化工具开展混合教学，解决传统乒乓球教学中主要存在的"拍面角度难体会""球的落点难控制""即时反馈难实现"三方面问题。该案例通过三维仿真动作分析等可视化手段帮助学生直观体会拍面角度，通过智能球拍系统等可视化手段帮助学生精准定点拨球练习，通过智能教育 App 的可视化学情分析帮助学生即时了解学习成效，具有示范讲解立体化、测试数据可视化和体育考核一体化的特色。

※选取教学内容

本课选自乒乓球基础课程中国家规划中职教材《乒乓球教程》，结合美发与形象设计专业人才培养方案，确定第二章第四节乒乓球的反手拨球技术作为本课教学内容，旨在提升学生的耐力，增强手腕的柔韧性和上肢的灵活性，并引导学生养成体育锻炼的习惯。

※确定教学目标

本节课将知识、技能和情感目标概括为会打、能打和乐打，具体如图 4-9 所示。

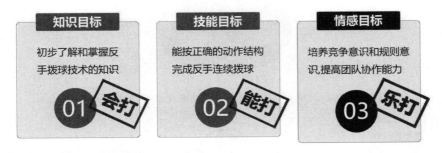

图 4-9 《跃动乒乓，灵动艺匠——乒乓球反手拨球技术》教学目标

※明确教学重点难点

1. 教学重点

教师能让学生掌握调节拨球时手腕角度。

2. 教学难点

学生掌握拨球时手指如何用力。

※开展学情分析

1. 专业起点

学生已熟悉美发技能，但由于长时间的强迫性站立和高强度的低头工作，容易产生颈椎和腰椎劳损等疾病。

2. 认知结构

学生已掌握乒乓球发球和正手攻球技术，但手腕的柔韧性和上肢的协调性较差，且耐力、体力有待加强。

3. 学习特点

学生想象力和创造力丰富，有很强的创新意识，对信息化教学具有很强适应能力，但容易喜新厌旧，注意力很难长时间集中。

※选择教学策略

传统乒乓球课堂主要存在"拍面角度难体会""球的落点难控制""即时反馈难实现"三方面的教学痛点问题，为此教师通过引入智能球拍、智能发球机和蓝墨云班课 App 等智能软硬件设备构建信息化课堂，两类课堂对比如图 4-10 所示。另外，本课主要采用混合式教学模式，以多种信息化手段贯穿课堂内外，如图 4-11 所示。

图 4-10 "跃动乒乓，灵动艺匠——乒乓球反手拨球技术"课堂对比

图 4-11 "跃动乒乓，灵动艺匠——乒乓球反手拨球技术"教学模式

基于此，该课采用任务驱动和分层教学理念，结合多种信息化资源，帮助学生完成定点训练、智能拨球任务，实现教学重点和教学难点的有效突破。

※设计可视化教学环节（见表 4-3）

表 4-3 "乒乓球反手拨球技术"可视化教学环节设计

教学环节	教学内容	可视化要素	可视化手段
多维讲解，掌握要领	以可视化方式学习反手拨球技术的基本知识和动作要领	反手拨球技术的分解动作（知识）	三维仿真动画

续表

教学环节	教学内容	可视化要素	可视化手段
定点训练，实践要领	智能定点、分层练习，掌握反手拨球技术的动作要领	学生反手拨球的乒乓球落点（知识）	智能发球机与智能球拍
分层拨球，可视评价	利用可视化数据评价反手拨球技术的掌握情况	学生对反手拨球技术知识、技能与素养的掌握情况（数据）	智能教育App

※设计教学流程

该节课采用课前、课中、课后一体化混合教学流程。包括"课前模仿，完成测试""微课导入，热身训练""多维讲解，掌握要领""定点训练，实践要领""分层拨球，可视评价""放松练习，布置作业""课后拓展，混合演练"七个环节，其教学流程如图 4-12 所示。

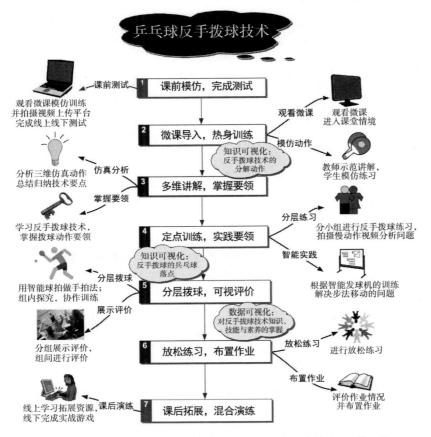

图 4-12　"跃动乒乓，灵动艺匠——乒乓球反手拨球技术"教学流程

1. 课前模仿，完成测试

教师通过在线学习平台发布课前学习任务，要求学生观看"乒乓球反手拔球技术讲解"视频，同时请学生参照该视频进行模仿训练，拍摄自身模仿训练视频上传平台，并完成线上线下测试。同时，教师分析学生在平台上完成的知识测试情况，规划分层教学。

2. 微课导入，热身训练

教师播放微课引入课堂情境，同时请学生通过自编的乒乓球操进行热身训练，充分活动身体各个关节，预防受伤。随后，教师通过示范讲解，用口令指挥学生按节拍练习，提高学生球感，为学习反手拔球技术做充分铺垫。

3. 多维讲解，掌握要领

教师通过三维仿真动画可视化反手拔球的动作，并充分和学生互动，剖析不同反手拔球动作存在的共性问题。同时，教师自身进行分解示范，讲解反手拔球的动作要领。学生将三维仿真动画可视化的反手拔球动作与教师示范的分解动作相结合，总结归纳技术要点，上台体验技术动作。

4. 定点训练，实践要领

学生利用智能发球机，在教师设置的可视化不同定点分组进行反手拔球训练，基础组学生进行一点对打，提高组学生进行亮点拔球，并利用智能球拍记录每次训练的相关数据。同时，学生所在小组成员通过智能手机拍摄下学生反手拔球的慢动作，小组合作探究反手拔球手腕角度、步法移动等问题。

5. 分层拔球，可视评价

学生跟随教师播放的音乐，用智能球拍进行分层拔球。基础组学生进行做手拍法练习，提高组学生进行轮换接球练习。教师实时查看智能球拍回传的数据，进行可视化评价督学与个性化提升指导。

6. 放松练习，布置作业

教师组织学生进行放松练习，引导学生养成运动后要做放松活动的良好体育运动习惯，同时通过智能教育 App 展示智能球拍记录的各位同学有效回击次数进行个性化点评，并布置课后作业。

7. 课后拓展，混合演练

教师通过线上学习平台发布课后拓展学习资源，布置分层训练作业，帮助学生更好地掌握乒乓球反手拨球技术要领，同时请学生课后线下完成实战游戏，巩固学习成果。

※开展教学评价

该节课中，教师依托蓝墨云班课平台和智能教育 App 实时诊断并分析学生课内课外反手拨球的掌握情况，组织学生进行分层练习、协作训练、展示演练，从而对乒乓球反手拨球教学目标及过程进行多元评价。

课前，教师利用蓝墨云班课平台发布乒乓球反手拨球技术讲解视频和技术测试题，引导学生进行拨球的模仿练习，并拍摄短视频或照片上传到平台，完成发球机分层测试，以诊断学生课前掌握情况，如图 4-13 所示。

图 4-13　"跃动乒乓，灵动艺匠——乒乓球反手拨球技术"课前教学评价

课中，教师首先对学生上传到蓝墨云班课平台的视频进行点评和分析，并结合课前的测试数据，归纳出学生存在的共性问题，以此为依据将学生分为基础组和提高组；然后组织学生进行分层练习，利用智能教育 App 及时反馈练习情况，引导学生根据反馈数据调整击球手腕角度，强化正确的动作结构，以有效突破教学重点；随后组织学生进行分组协作探究，运用智能球拍完成两点轮换接球，动态追踪连续回击次数，并结合组内、组间和教师评价数据，有效突破教学难点，如图 4-14 所示。

课后，教师引导学生在蓝墨云平台自选一段视频资源，分析视频中着力训练与工匠精神之间联系和内涵；同时，线下指导学生完成接球游戏，拍摄视频并上传平台，对学生的综合表现进行多维度的过程考核，如图 4-15 所示。

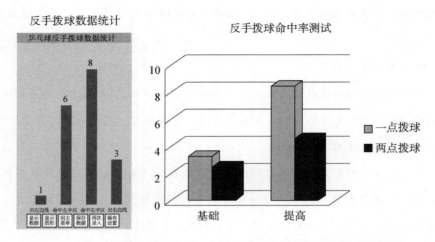

图 4-14 "跃动乒乓，灵动艺匠——乒乓球反手拨球技术"课中教学评价

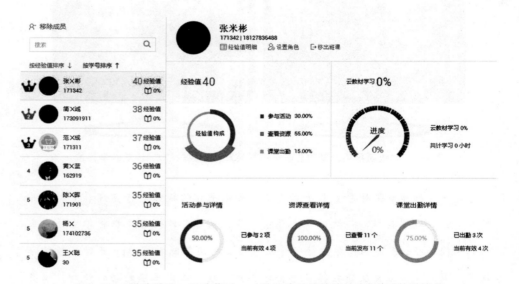

图 4-15 "跃动乒乓，灵动艺匠——乒乓球反手拨球技术"课后教学评价

第五章

可视化课堂的典型模式与应用研究

→ **内容结构**

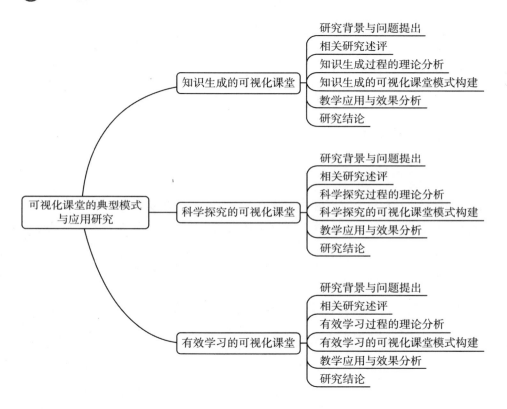

为了让更多的教师掌握可视化课堂教学的精髓，更好地融入日常教学，有关学者与教师纷纷对其展开实践研究并总结提炼，形成了多种可视化课堂教学模式。本章我们将分别介绍知识生成、科学探究、有效学习三种可视化课堂教学模式的内涵、设计与应用。

第一节　知识生成的可视化课堂①

　　教育信息化的发展不断推动着教育变革，基础教育的内涵和方式也随之改变，传统的预设性教学已到瓶颈期，"生成"理念应运而生。知识生成的可视化课堂将生成性教学理念与可视化课堂教学理念有效结合，为课堂教学注入了新的生机与活力。

　　实践证明，知识生成的可视化课堂能有效激发学生学习兴趣、满足学生个性化学习方式、提升学生学习质量、提高学生知识生成能力，为学科教学提供有力支撑。

一、 研究背景与问题提出

（一）研究背景

1. 新时代倡导知识向"生成"转型

　　长期以来，传统教育对知识的理解普遍受西方知识论影响，西方知识论强调知识本身的基础与构成，导致教学中的知识多被看作脱离学生个体的、客观的社会存在。这一观点长期影响着教育者对知识的认知，忽视了知识的动态生成，"完成知识性任务"成了课堂的中心任务。

　　知识并非一成不变，而是一种流动性质的综合体，它不仅具有结构性，而且是一种动态的、不断生成的过程，过去的"构成论"等观点已不再适用于当代教育。在这一背景下，"生成"逐步取代"预设"，成了新时代人们关注与研究的热点。生成性知识观的出现，要求师生更加注重情境探究与知识建构，促使学生生成新知。由此来看，聚焦生成性教学中学生生成的知识，有助于提升学生的生成能力，促使生成性教学顺利实现。

2. 可视化技术助力知识生成

　　"生成"是一个复杂的、多方位的、不断循环和上升的过程。在这一过程中，如何将抽象的概念知识、数据分析、思维交流等活动与过程以形象、具体的形

---

　　① 李世杰. 基于网络学习空间的生成性知识可视化研究[D]. 广州：华南师范大学，2018.

式表达，如何将学生理解、获得的知识具象表达出来，是当前生成性教学的一大重难点。

人类获取的信息中有 83% 左右是通过视觉得到的，因此，利用图形、图像等视觉呈现方式获取信息已渐渐成为常态。可视化技术的核心是"将不可见变为可见"，利用技术将生成性教学中学生生成出来的知识可视化，能够为学生提供直观的知识支架，促进知识的生成。同时，通过知识可视化的工具将教学过程中复杂抽象的知识与思想逻辑清晰、形象地展现出来，对促进学生意义建构、发展学生知识生成能力具有重要作用。

3. 网络学习空间支持知识生成与可视化表征

网络学习空间以其新颖、独特的教学优势逐渐走入公众的视野，并快速得到了广大教育工作者的关注和支持。教育部《教育信息化"十三五"规划》将完成"三通工程"（宽带网络校校通、优质资源班班通、网络学习空间人人通）建设列入主要任务[①]，并且在《教育部 2018 年工作要点》中提出"要深入推进教育信息化，普及推广网络学习空间应用"[②]。

其中，"三通工程"不是孤立的，而是一个有机整体[③]，"校校通"与"班班通"最终都要流向并服务于"人人通"。网络学习空间"人人通"的核心特征是互动协作和知识生成。因此，网络学习空间的推广应用，能够为生成性教学提供环境资源，有效促使知识生成。同时，网络学习空间能够为知识的可视化提供必要的工具与平台，有力地推动了生成性知识的可视化表征。

（二）问题提出

探究生成性教学中学生生成了何种知识、如何进行可视化表征已成为不容忽视的问题。因此，本研究立足于网络学习空间支持的生成性教学，以可视化

---

① 中华人民共和国教育部办公厅. 教育信息化"十三五"规划［EB/OL］. http://www.moe.edu.cn/srcsite/A16/s3342/201509/t20150907_206045.html，（2016-08-06）［2022-10-20］.

② 中华人民共和国教育部办公厅. 教育部 2018 年工作要点［EB/OL］. http://www.moe.gov.cn/srcsite/A02/s7049/201802/t20180206_326950.html，（2018-02-01）［2022-10-20］.

③ 杨现民，赵鑫硕，刘雅馨，等. 网络学习空间的发展：内涵、阶段与建议［J］. 中国电化教育，2016(04).

技术为支持，通过理论研究、空间优化、教学应用等，探讨生成性知识的类别，确定其对应的表征方法，利用网络学习空间实现生成性知识的可视化，以期提升学生的学习质量，促进生成性教学的发展与学生生成能力的培养，为网络学习空间支持的生成性教学提供借鉴。为此，本研究提出如下三个具体问题。

第一，什么是生成性知识？对于不同类别的生成性知识，其对应的视觉表征是怎样的？

第二，如何利用技术支持生成性知识的可视化表征？

第三，如何利用网络学习空间实现生成性知识可视化？基于网络学习空间的生成性知识可视化的应用效果是怎样的？

二、 相关研究述评

（一）生成性教学的研究现状

国内外关于生成性教学的研究逐渐增多，主要从生成性教学的理论研究与实践应用两方面展开。

在生成性教学的理论研究方面，国外将生成性思想融入教学可追溯到卢梭的自然教育。卢梭认为教育要依照自然界的共同法则，服从人的身心发展，教学中要强调学生的知识是从活动中自然习得、学会的。国内较早明确提出生成性教学思想的是叶澜教授，她在 1997 年提倡"重视生成"理念，认为应通过开放性的情境和问题，让学生联系自己的经验与收集的信息，通过多种交流形成"原始资源"，在教师整理、汇聚的基础上，生成与教学内容相关的新问题，并通过网络式的师生、生生互动，形成对新问题的多种解答资源，随后组织学生讨论，以此形成更为丰富的新认知，引出新的开放性问题。[①]

在实践应用方面，生成性教学在国外最早被应用于学前教育。20 世纪 80 年代，意大利的瑞吉欧·艾米里亚地区首先在幼儿教育中开展了生成性教学实践。美国伊丽莎白·琼斯教授和约翰·尼莫教授合著的《生成课程》一书，记载了美

---

① 叶澜. 重建课堂教学过程观——"新基础教育"课堂教学改革的理论与实践探究之二[J]. 教育研究，2002(10).

国一家幼儿园一年中生成课程的实践情况。他们认为，生成性课程的核心是具有特殊背景的教师和处在某种情境中的个性化的学生，通过共同商讨生活中的问题并确定课程生成的过程。国内关于生成性教学的实验研究主要体现在对生成性课堂教学现状及问题的研究、对生成性教学策略的研究与对生成性教学资源的研究三个方面。吴少玲分析了生成性课堂教学内涵并阐释了生成性课堂教学状态，通过课堂观察、访谈等方法归纳与总结出当前生成性教学中存在的问题。① 金亦挺提出了促进生成性教学的开放性问题策略、体验性学习策略、学生质疑发文策略和错误利用策略。② 谢泉峰、段怡分析了我国网络空间课程生成性教学资源建设方面存在的问题与不足，在此基础上充分分析了生成性教学资源应该如何建设、如何高效运用。③

生成性教学在理论方面的研究已渐趋成熟，学者们的认识基本达成一致，在实践应用方面却呈现百家争鸣的现象。但从研究对象与研究思路分析来看，学界仍然缺少对生成性知识的研究。目前的研究大部分集中于"生成性教学"及其相关内容，忽视了生成性教学过程中知识的生成部分。基于此，在当前"双减"背景下，基于可视化技术，探究知识生成的学习模式，提升学生的学习质量与知识生成能力，是非常有意义的。

(二)知识可视化研究现状

通过梳理国内外关于知识可视化的文献发现，相较于可视化，知识可视化的相关研究起步较晚。

国外关于知识可视化的实践应用，可追溯到 2004 年 7 月，马丁·爱普与其合作者共同向世人宣称，知识可视化将向学科及其应用领域迈进。④ 伯克哈特(Burkhard)从知识管理和传播科学的角度介绍了研究领域信息可视化和知识可

---

① 吴少玲. 生成性课堂教学研究[D]. 金华：浙江师范大学，2007.

② 金亦挺. 课堂教学中的美丽生成策略[J]. 课程教材教学研究（中教研究），2005(Z1).

③ 谢泉峰，段怡. 网络空间课程生成性教学资源建设的方向、内容与基本策略[J]. 中国教育信息化，2016(16).

④ Eppler，M. J. & Burkard，R. A. 2004. Knowledge Visualization. Towards A New Discipline and Its Fields of Application，ICA Working Paper ♯ 2/2004. University of Lugano，Lugano.

视化之间的协同关系，提出了知识可视化新领域的第一个理论框架和模型。① 诺瓦克(Novak)讨论了支持跨社区知识交流的主要挑战，并提出了一种基于协作知识可视化的跨社区知识交流方法，为促进跨社区知识交流提供了理论支持。②

国内知识可视化的相关研究分为知识表征与学科教学两大类别。知识表征类主要针对知识可视化及其视觉表征开展理论研究。赵慧臣认为视觉表征已经成为知识可视化研究的新要求，根据视觉形式将知识可视化视觉表征分为表层形式和深层形式，并构建了知识可视化视觉表征的设计方法。③ 朱永海等人从符号学角度出发，把知识表征解释为意义封装与阐释，借助知识可视化可支持知识创新、突破"图解化"表征手段、支撑知识可视化促进人与人之间的知识传递。④ 学科教学类主要针对知识可视化与课堂教学的实践应用开展实践研究。李晶等人分析了基于多维属性的知识类型与设计元素映射关系，以及降低认知负荷的知识可视化步骤和方法，并通过实践研究，发现知识可视化过程涉及分解多维属性、划分结构特征、分析可视性和创建交互性。⑤ 王东昶分析了小学语文低学段教学中存在的不足和弊端，认为知识可视化能够帮助学生对课堂知识的认知和理解更加深入，并依托可视化程序，提出知识可视化应用的策略。⑥

目前大部分知识可视化研究都聚焦于工程建模、数据统计中，应用于课堂实践教学的研究还较少，且应用技术较为单一。而知识可视化的实践教学研究大部分都是从教师视角出发，将某种知识可视化表征手段应用于某一教学环节，缺少从学生视角进行知识表征的研究。

---

① Burkhard R A. 2005. Towards a Framework and a Model for Knowledge Visualization: Synergies Between Information and Knowledge Visualization. Knowledge and Information Visualization. Springer Berlin Heidelberg, pp. 238-255.

② Novak J. 2007. Helping Knowledge Cross Boundaries: Using Knowledge Visualization to Support Cross-Community Sensemaking, Hawaii International Conference on System Sciences. IEEE Computer Society, p. 38.

③ 赵慧臣. 知识可视化视觉表征的形式分析[J]. 现代教育技术，2012，22(02).

④ 朱永海，张舒予. 知识视觉表征：知识可视化的实践途径[J]. 电化教育研究，2013，34(08).

⑤ 李晶，郁舒兰，刘玮. 降低课堂认知负荷的知识可视化研究[J]. 电化教育研究，2017，38(03).

⑥ 王东昶. 小学低段语文教学中的知识可视化策略[J]. 学周刊，2017(04).

三、 知识生成过程的理论分析

(一)生成性知识的分类

任何知识都是相对于主体而存在的，不能独立于主体之外。因此，在对生成性知识进行分类时，也要从认知论角度出发。在认知论看来，知识的"产生—形成—掌握"这一过程，需要包含形式、内容、效用这三个关键要素。钟义信认为，形式是最先被观察或感受到的要素，内容是要透过形式的分析才能进一步感受到的要素，效用则更是要针对一定的形式、内容和主体才能表现出来的要素。[①] 在生成性教学中，学生首先需要学习事物最外部、最表征的知识；随后，学生通过交流反馈，逐步理解外在知识下的逻辑关系，掌握其逻辑内容与对应方法；最后，学生通过知识建构，逐步生成、创造出超越原先知识的内在价值。因此，从生成学习理论来看，该分类方式与知识生成的过程有着较高的契合度。

受多种知识分类方式的启发，本研究结合生成性学习理论与认知论，基于生成性知识的内涵与特征，从信息科学角度出发，将生成性知识划分为形态性知识、内容性知识、价值性知识三类。其相关类别与内涵如图 5-1 所示。

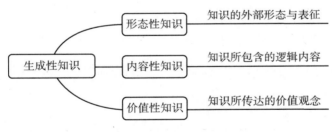

图 5-1 生成性知识的分类与内涵

其中，形态性知识主要指某个课程所具备的最表面、最基本的外部形态知识，这类知识是最先被学习者感知、获得的，且往往是该学科需要学习者掌握的前置内容，例如，语文课程中的某个字的字形、读音，或数学课程中的基本公式等。

内容性知识是事物的内在逻辑与联系。任何形态的事物，其深层都包含相

---

① 钟义信. "知识论"基础研究[J]. 电子学报，2001(01).

应的逻辑结构与内容方法，这些内容需要通过事物的运动状态或呈现出的变化规律得以体现。为了掌握这类知识，学生通常需要展开协作探究，发现其内在的规律与含义，从而生成并掌握相应的知识。例如，语文课程中，一篇文章的结构、内容、关系等就是通过文字和语句的排列组合等方法而构成的，这就是一种内容性知识；又如数学课程中，一个公式所代表的含义也是由符号间的排列组合构成的，这也是一种较为典型的内容性知识。

价值性知识是事物内在价值、情感的体现。学习过程中生成出的新知必然会对学习主体产生一定的影响，传递出对应的情感与价值，这种情感与价值和学习主体原有的思想、价值观等发生交互与碰撞，最后融合、生成出的知识就是价值性知识。例如，在语文学科中，学生通过学习课文，理解了文中所包含的思想，从而迁移到实际生活中，形成新的行为习惯与价值观；又如在科学学科中，学生通过学习，了解了日常生活中所包含的科学现象，从而形成相应的认知与行为习惯。这类通过学习领悟到的、影响学生价值观的知识，就是价值性知识。

（二）知识生成的一般过程

基于对生成性教学理论、过程的分析，本研究结合生成性知识的内涵与类别，将知识生成的一般过程分为六个阶段，如图 5-2 所示。

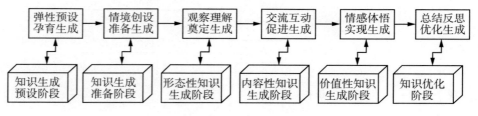

图 5-2　知识生成的一般过程

1. 弹性预设，孕育生成

没有预设的课堂教学容易出现各种状况，因此教师需要在课前进行相应的教学预设。这里的预设并不是固定的、一成不变的，而是灵活的、有弹性的。此时，教学事物尚未与学生发生接触，因此尚未有新的知识生成，处于知识生成的预设阶段。

2.情境创设，准备生成

情境创设是生成性教学的首个环节。为便于学生理解，引导学生进入学习状态，教师需根据教学内容与需求，创设出一个特定的情境，该情境一般是真实的、贴近生活的。此外，教师抛出相应的问题，引导学生在这一情境下进行思考。本环节中，情境的创设为知识的生成提供了条件。

3.观察理解，奠定生成

在提出问题后，教师往往会抛出解决该问题所必备的概念、定义等知识，学生通过观察、理解，明晰其外在表征，掌握其基本含义，并用于问题的解决。在该过程中，学生从"尚未了解"到"初步掌握"，形成了知识的从"无"到"有"，因此通过观察理解，实现了形态性知识的生成。

4.交流互动，促进生成

为解决实际问题，进一步理解某一事物所包含的深层含义及内在逻辑结构，教师会对学生进行分组，通过组内、组间等形式开展交流互动。学生在交流互动中逐渐发现更深层次的知识，并通过师生互动与交往反馈，不断完成建构、内化，从而生成内容性知识。

5.情感体悟，实现生成

知识除本身所包含的基本属性外，还会在教学环境中传达一定的情感、态度与价值观。在课堂的学习过程中，学生通过交流反思等外部交互活动形成新知，并与自身原有的情感储备产生碰撞，最终融合为全新的、富有个性化的情感体悟。此时，学生已通过生成性教学完成了知识的内化，并形成了正确的人生观与价值观，价值性知识得以生成。

6.总结反思，优化生成

完成知识生成后并不意味着生成过程的结束，如果不加以总结反思，生成性知识便难以长时间存储，学生无法形成有效的生成策略与路径。因此，教师通过多元化、多维度、多样化、动态化的评价，不断调整学生的学习方式，帮助自己调控教学策略与方式，进一步优化生成，并促进知识的再生成。

(三)可视化技术对知识生成的支持作用

知识生成的类型不同，其可视化方法也有所不同。通过对生成性知识产生过程的分析可知，形态性知识、内容性知识、价值性知识三种生成性知识的生成分别发生在不同阶段。为了使生成出来的知识能够被教师和学生发现，促进知识生成的顺利进行，需要用到相应的可视化表征手段。本研究结合可视化技术的分类与特点，将可视化技术应用于形态性知识、内容性知识、价值性知识的生成环节，得出如图 5-3 所示的可视化功能作用图。

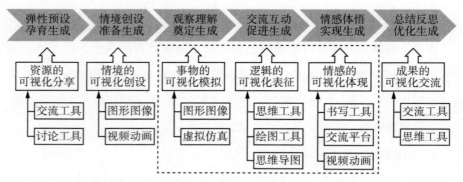

图 5-3　可视化技术在生成性教学中的功能作用

在知识生成的整个环节中，可视化技术都能为其提供相应的技术支持与服务，促进知识的有效生成。本研究主要探讨可视化技术对"观察理解，奠定生成""交流互动，促进生成""情感体悟，实现生成"三部分的功能作用，即可视化对形态性知识、内容性知识、价值性知识的功能作用。

1. 可视化技术对形态性知识的支持作用

在学习课程概念、定义等内容时，需要学生通过观察、理解等方法，明晰其外在表征，掌握其基本含义。在这一过程中，形态性知识得以生成。为保证学生能够快速理解新知，可视化技术能够利用图形、图像等可视化资源展示，或是通过仿真等技术进行模拟现实，再现事物的真实情境，促进学生对事物的理解。当学生生成形态性知识时，又可用相同的方法进行逆向表征，推动形态性知识的生成与表征。

2. 可视化技术对内容性知识的功能作用

在交流互动的过程中，学生发现新生成的知识与原有的认知结构不相符，或发现现有知识无法解决当前问题，这样便产生了认知冲突。此时，学生可以通过讨论、提问等方式将问题提出。为了解决这个问题，学生会尝试进一步挖掘知识，探索事物更深层次的内在逻辑关系，这两个环节就是内容性知识的生成过程，包含了逻辑思维和非逻辑思维两种思维方式。因此，可以利用思维导图、概念图等图式法支持学生进行探究，辅助学生梳理事物的内部逻辑关系，从而促使内容性知识的生成与表征。

3. 可视化技术对价值性知识的功能作用

学生在掌握了一定程度的知识后，新生成的知识会携带特定的情感、价值观等因素，与学生现有的情感、价值观发生碰撞，融会贯通后即可生成价值性知识。在生成价值性知识阶段，由于受个人因素影响，生成性知识会带有相当明显的个体差异性，因此难以统一。利用书写工具将形成的价值性知识写下来，或在平台上进行交流分享，或将其以视频、绘画等视觉隐喻表达出来，有助于价值性知识的生成与表征。

四、 知识生成的可视化课堂模式构建

（一）知识可视化的网络学习空间构建

根据上述分析，本研究构建了支持生成性知识可视化的网络学习空间架构，如图 5-4 所示。该环境系统架构主要由基础层、工具资源层、用户应用层三个层次组成，可在生成活动中提供必要的支持服务，从而有效支持知识的生成与可视化表征。

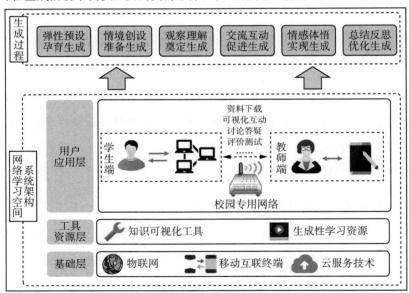

图 5-4　支持生成性知识可视化的网络学习空间模式

1. 基础层

基础层由物联网、移动互联终端、云技术服务构成。物联网通过信息传感设备，遵守网络协议，将物体与互联网相互连接起来，实现智能管理。移动互联终端与物联网结合，使得移动终端能够通过网络提供数据采集、传输和存储等功能，支持学习者开展自主、合作、个性化的探究。此外，云服务技术能够基于互联网实现学习工具和资源的快速获取，为知识生成与可视化提供基础。

2. 工具资源层

工具层是指支持生成性知识的生成与可视化的一系列支持工具。其中，知识可视化工具可进一步细分为知识呈现工具与仿真模拟工具。知识呈现工具能够将较为复杂的知识内容进行可视化，同时提供交流展示的空间，学生能够通过拍照上传等方式进行可视化结果展示；仿真模拟工具则是针对较为抽象或在实际操作时具有一定危险性的事物提供仿真模拟工具，帮助学生形象地认识事物的特征、关系与变化，促进知识生成。

而生成性学习资源则能为教学提供相关的网络资源、教辅资源、试题库等。资源并非完全来源于移动终端，更多的是通过云技术服务获得的资源，还包括教学过程中产生的各种生成性资源。

3. 用户应用层

用户应用层的对象主要分为两类。第一类是学生，他们是各类教学资源和技术工具的使用者，在生成性教学中也是资源的提供者与知识的生成者；第二类是教师，教师也是资源和应用的使用者，此外还是教学过程的管理者与帮助者。在整个教学过程中，学生端与教师端在校园专用网络的支持下，为教学提供各种帮助，支持教师与学生开展一系列的教学活动，确保知识顺利生成，并通过可视化方式进行呈现。

(二)知识生成的可视化课堂模式构建

本研究梳理了知识生成的一般过程，明晰了可视化技术对知识生成课堂的支持功能与作用，并在搭建支持生成性知识可视化的网络学习空间架构基础上，进一步对标"双减"政策要求，构建了知识生成的可视化课堂模式，具体如图 5-5 所示。

该模式中教师和学生在由物联网、移动互联终端、云技术服务等构成的网

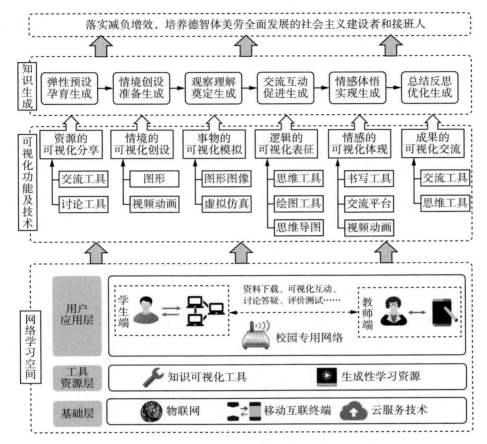

图 5-5 知识生成的可视化课堂模式

络学习空间环境中，依托知识可视化工具和生成性学习资源等，通过校园专用网络进行资料下载、可视化互动、讨论答疑、评价测试等一系列教与学的活动，不断探索基于网络学习空间的生成性知识可视化表征方法；同时，教师依托网络学习空间随时注意捕捉并可视化表征各种信息和"生成点"，并通过资源的可视化分享、情境的可视化创设、事物的可视化模拟、逻辑的可视化表征、情感的可视化体现和成果的可视化交流，最大限度发挥可视化功能及技术优势，为知识生成的各个环节提供相应的技术支持与服务；此外，在知识生成的全过程中，师生根据弹性灵活的预设不断协调教学活动和教学行为，并共同组织形成新的信息和新的资源，以实现教育目标并创造增值，促进知识的有效生成，最终落实减负增效，培养德智体美劳全面发展的社会主义建设者和接班人。

五、 教学应用与效果分析

(一)实验目的

本实验研究中,选择教育科学出版社出版的《科学》四年级下册中的"简单电路"与"电路出故障了"两节课作为实验内容。"简单电路"要求学生理解、掌握电路的基本组成、各个元件的工作原理以及简单的电路连接;"电路出故障了"要求学生理解电路中短路、断路的含义。

上述两节课要求学生掌握最基本的原理与方法,属于典型的形态性知识。因此选择上述两节课作为形态性知识的研究内容,目的是检验在小学科学生成性教学中,利用网络学习空间对形态性知识进行可视化教学与常规教学的效果差异,即基于网络学习空间的可视化对于学生的形态性知识生成能力是否起到了促进作用。

因此,本次准实验研究的目的在于验证以下两个问题。

问题1:在生成性教学中,采用基于网络学习空间的形态性知识可视化进行教学是否比常规教学更能促进学生形态性知识的生成能力?

问题2:在生成性教学中,采用基于网络学习空间的形态性知识可视化进行教学是否比常规教学更能促进学生的知识掌握,提高学生的学习成绩?

(二)实验设计

1. 实验假设

在小学科学课堂教学中,利用基于网络学习空间的形态性知识可视化开展教学比采用常规教学方式的教学能够更好地提高学生的形态性知识生成能力与学习成绩。

根据以上基本假设,可以提出如下两个假设。

假设1:与接受传统教学的学生相比,采用基于网络学习空间的生成性知识可视化开展教学的学生,其形态性知识生成能力更强。

假设2:与接受传统教学的学生相比,采用基于网络学习空间的生成性知识可视化开展教学的学生,其科学课学习成绩更加理想。

2. 被试选择

本研究以 L 小学作为实验学校,并在四年级随机选取了两个自然班,四(2)

班为实验班，四(6)班为控制班。

3. 实验方法

本研究采用不相等实验组、控制组前后测实验设计。对实验班学生进行实验处理，采用基于网络学习空间的生成性知识可视化开展教学；对照班学生不进行任何实验干预，采用一般的生成性教学方式开展教学。实验结束后，对两个班学生的形态性知识生成能力、科学成绩进行对比，以检验实验效果。准实验设计见表5-1。

表5-1 不相等实验组控制组前后测对比实验研究程序

探究类型	同时前测		被试分组	实验处理	同时后测
实验型探究	R1	R1≈R2	实验班 四(2)班	接受	R3
	R2		控制班 四(6)班	不接受	R4

4. 实验内容

本研究与实验学校教师共同协商，选择了《科学》四年级下册的"简单电路"与"电路出故障了"为实验内容，见表5-2。

表5-2 对比实验研究教学内容安排

实验学校	实验班	控制班	教学内容	授课教师	课时
L小学	四(2)班	四(6)班	简单电路	肖玲	1
			电路出故障了	肖玲	1

5. 实验变量

(1)自变量及其控制

自变量：X＝教学方式

自变量变数 X1＝采用基于网络学习空间的生成性知识可视化教学方式

自变量变数 X2＝采用一般的生成性教学方式

(2)因变量及其测量

因变量：Y＝教学效果，具体包括两个因变量

Y1＝形态性知识生成能力

Y2＝科学知识

（3）干扰变量及其控制

干扰变量：学生由于实验时间的延续所引起的知识、技能的增长，以及空间应用的熟练程度。

本次准实验研究采用不相等实验组、控制组前后测准实验设计方法来减弱无关变量的干扰，即选取与实验组尽可能有相同或相近发展水平和能力的控制组。

（三）实验材料

1. 小学科学形态性知识生成能力评价量表

本研究制定了小学科学课程形态性知识生成能力评价指标（见表5-3），并根据该指标制定相应的评价量表，采用李克特的五分计分法，完全能达到为5分，基本能达到为4分，一般为3分，有些不能达到为2分，基本不能达到为1分，反向题目计分方式相反，以总得分来判断学生科学课程中形态性知识生成能力的表现。

表5-3　小学科学形态性知识生成能力评价量表

因变量	评价指标	指标描述
形态性知识生成能力（Y1）	识别信息的能力	1. 我能够很快从所给的文字、图片、表格等信息中理解问题
		2. 我能够准确找到问题中的关键信息
	表述知识的能力	3. 我能够准确说出所给的文字、图片、表格等特征、内涵等信息
		4. 我能够通过书写、画图、操作软件等方式将理解的知识准确表述出来
	发现问题的能力	5. 我能够根据现有信息发现研究的问题
		6. 我能够从生活中联想到与本节所学内容有关的现象与问题
	信息收集的能力	7. 我能够通过查阅资料、上网搜索等方式查找相关信息
		8. 我能在学习过程中准确记录实验过程与数据

此表中，1～2项描述为识别信息的能力，3～4项描述为表述知识的能

力，5～6 项描述为发现问题的能力，7～8 项描述为信息收集的能力。

2. 评价量表信效度检验

本研究采用 SPSS 软件对评价量表的信度分析和效度进行分析。其中，信度分析采用克朗巴赫 a 系数（Coefficient alpha of L. J. Cronbach）法，得到 Cronbach a 系数为 0.846，大于 0.8，说明该评价量表信效度良好；效度分析中，KMO 的值为 0.770，大于 0.7 的检验标准，Sig 值为 0.000，小于 0.05，说明 Bartlett 球形检验结果显著。

综上，本研究使用的评价量表具有较好的信效度。

3. 小学科学知识测试卷

学生科学知识（Y2）的评价采用阶段性测验进行测量，题型主要包括选择、填空、判断等，主要测验学生对"简单电路""电路出故障了"中涉及基本知识的理解、掌握水平。

(四) 实验步骤

1. 实验准备

(1) 设计实验方案

本研究根据实验目的，设计了相应的实验方案。

(2) 编制测量工具

作者与实验学校的科学教师、学生共同讨论，借鉴已有研究成果，并咨询相关专家，着手编制形态性知识生成能力评价量表，确定信效度。

(3) 设计教学方案

实验前期，作者首先与实验学校的科学组教师进行讨论，了解目前科学课的教学现状，并在四年级听课，观察教师、学生的上课表现与反应，了解教师授课时常用的教学方法与策略。同时，作者与教师进行沟通交流，使教师了解、学习生成性教学理念与网络学习空间支持的形态性知识可视化过程，设计相应的教学设计，并通过打磨，使教学设计更加完善。

2. 前测

为保证参与准实验研究的实验对象原有水平相近，本研究采用问卷调查法，对 L 小学四 (2) 班和四 (6) 班学生进行前测，分析学生形态性知识生成能力和科学知识两方面的起始水平，通过独立样本 t 检验对收集的数据进行分析。结果表明，四(2)班和四(6)班学生的科学知识掌握情况没有显著性差异。

3. 教学实施

本次准实验研究是在常规课堂教学中完成的，每节课时长 40 分钟。在本实验中，按照不相等实验组、控制组前后测准实验设计模式，在实验班应用基于网络学习空间的形态性知识可视化方法开展教学，在对照班采用常规的生成性教学方法开展教学。

在实验班进行教学时，每位学生都拥有一台电子书包设备，通过电子书包设备登录"iClass"网络学习空间进行学习；对照班则在普通多媒体教室，使用常规的生成性教学模式进行教学。

4. 形态性知识的生成与可视化在教学过程中的实现

以"简单电路"为例，该课程要求学生理解一个联通电路的基本组成，理解电路可以有不同的连接方法。但对于学生而言，"电路"这一概念是十分抽象、难懂的。在本节课中，肖老师利用"iClass"网络学习空间与"物理实验课"App，为学生提供可视化工具，促进学生形态性知识的生成。

在进行"小组实践，实现生成"教学环节中，肖老师利用"iClass"网络学习空间布置教学任务，组织学生分组开展实验，利用"物理实验课"App 将小灯泡点亮，并拍照上传，如图 5-6 所示。

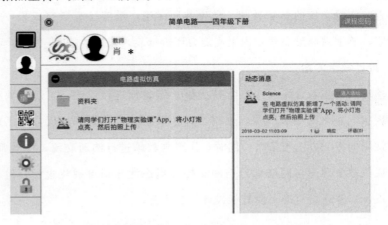

图 5-6　教师利用"iClass"网络学习空间布置教学任务

随后，学生以小组为单位，利用上节课所学知识点以及"iClass"网络学习空间中提供的基本概念介绍，在"物理实验课"App 中进行虚拟仿真实验，如图 5-7 所示。学生在进行实验的过程中，逐步理解电路的基本概念，并通过观察小灯泡的明亮程度，逐步明晰联通电路的基本组成，以及各元件的特性、功能作用等基础知识。

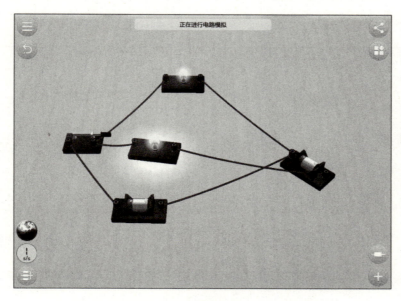

图 5-7　学生利用"物理实验课"App 进行虚拟仿真实验

　　完成实验后，学生以小组为单位，学生代表将本组实验结果截图上传至"iClass"网络学习空间中，教师进行简单点评，如图 5-8 所示。

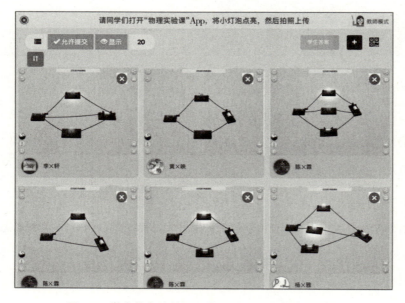

图 5-8　学生将实验结果上传至"iClass"网络学习空间

教师根据学生的完成情况，选择一组实验正确的小组与一组实验错误的小组，分别展示其实物图与简单电路图，引导学生观察其不同之处，如图 5-9、图 5-10 所示。

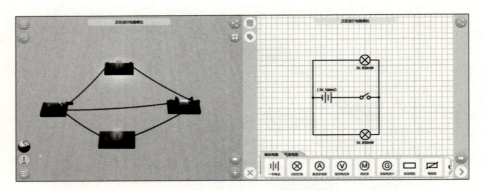

图 5-9　教师展示正确的实物图与电路图

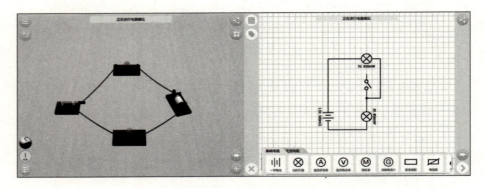

图 5-10　教师展示错误的实物图与电路图

在这一过程中，学生通过观察、动手、合作等方法，逐步了解电路、电路元件的基本特征，生成出了形态性知识，并通过虚拟仿真将其可视化表征出来，促使其进一步理解、生成。

5. 后测

教学实施结束后，采用所设计的量表，对实验班和控制班学生的形态性知识生成能力、科学知识进行后测，并采用独立样本 t 检验分析是否存在差异。

(1)形态性知识生成能力后测

后测情况与分析结果见表 5-4。

表 5-4 形态性知识生成能力后测数据分析

组别统计量					
项目	班级	N	均值	标准差	均值的标准误差
形态性知识生成能力后测	四(2)班	34	29.5588	2.67640	0.45900
	四(6)班	36	27.0278	3.13948	0.52325
独立样本 T 检验					
项目		方差方程的Levene 检验		针对平均值是否相等的 t 测试			
		F	显著性	T	df	显著性（双尾）	平均差异	标准误差
形态性知识生成能力	假设方差相等	0.254	0.616	3.620	68	0.001	2.53105	0.69924
	假设方差不相等			3.636	67.315	0.001	2.53105	0.69604

从表 5-4 可知，显著性概率 $p=0.616$，由于 p 值大于 0.05，因此可以得出两组方差没有显著性差异，在 t 检验结果中应该选择"假设方差相等"一行的数据作为本次 T 检验的结果。$Sig.$ 双尾 T 检验的显著性概率为 0.001，小于 0.05，可以得出结论：L 小学四(2)班和四(6)班学生的形态性知识生成能力具有显著性差异。

(2)科学知识后测

L 小学四年级 2017—2018 学年第二学期的期中测试作为本研究的后测成绩，然后运用独立样本 t 检验进行数据分析，见表 5-5。

表 5-5 小学科学知识后测数据分析

组别统计量					
项目	班级	N	均值	标准差	均值的标准误
科学知识后测	四(2)班	34	87.1765	2.47987	0.42529
	四(6)班	36	84.1111	3.25820	0.54303
独立样本 T 检验					
项目		方差方程的Levene 检验		针对平均值是否相等的 t 测试			
		F	显著性	T	df	显著性（双尾）	平均差异	标准误差
科学知识后测	假设方差相等	1.621	0.207	4.410	68	0.000	3.06536	0.69510
	假设方差不相等			4.444	65.120	0.000	3.06536	0.68975

从表5-5可知，显著性概率$p=0.207$，由于p值大于0.05，因此可得两组方差没有显著性差异，在t检验结果中应该选择"假设方差相等"一行的数据作为本次t检验的结果。Sig.双尾T检验的显著性概率为0.000，小于0.05，可以得出结论：L小学四（2）班和四（6）班学生的科学知识掌握情况具有显著性差异。

6. 结果与分析

通过以上的数据分析，实验结果验证了实验假设1（与接受传统教学的学生相比，采用基于网络学习空间的形态性知识可视化开展教学的学生，其形态性知识生成能力更强）与实验假设2（与接受传统教学的学生相比，采用基于网络学习空间的形态性知识可视化开展教学的学生，其科学课学习成绩更加理想）。可以看到，基于网络学习空间的形态性知识可视化能够较好地促进学生形态性知识的生成能力，有助于生成性教学的开展与实施。

（五）应用案例

知识生成的可视化课堂注重教学过程中学生对于知识的建构与生成。因此，该模式多被应用于英语、数学、科学等课程中，以提升学生探究能力和生成能力。

案例5-1：四年级科学第一课时"简单电路"

本案例选自L小学四年级科学肖老师的可视化课堂教学实践。该节课以生成性教学理念与可视化课堂理念为指导进行设计，主要教学目标按知识与技能、过程与方法、情感态度与价值观来设计。

※确定教学目标

1. 知识与技能

(1)理解一个联通电路的基本组成。

(2)理解电路可以有不同的连接方法。

2. 过程与方法

(1)自主探究，学会使用电池盒和小灯座连接电路。

(2)认真听讲，学会使用抽象的方法绘制简单电路图。

(3)小组探究，生成电路的不同连接方法。

（4）小组协作，利用更多的方法和材料点亮更多的小灯泡。

3. 情感、态度与价值观

（1）激发学生对电科学探究的兴趣，使学生养成自我保护意识，在生活中不触碰电源，注意用电安全。

（2）增强学生分析和解决问题的自信心。

4. 生成目标

（1）知识生成：电路可以有不同的连接方法。（可视化：拍照上传的不同电路图）

（2）方法生成：电路实物与简单电路图的转换。（可视化：拍照上传对比图）

（3）情感生成：课后同学们设计安全提示牌。（可视化：拍照上传作品）

※**教学过程**

"简单电路"该节课主要分为五个环节，分别为"创设情境，激趣导入""协作建构，奠定生成""小组实践，实现生成""总结反思，深化生成"和"迁移拓展，升维生成"，具体教学流程如图5-11所示。

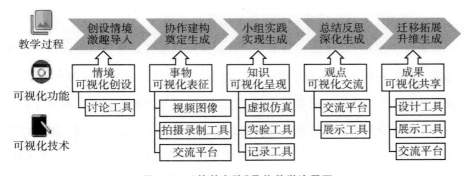

图 5-11 "简单电路"具体教学流程图

1. 创设情境，激趣导入

教师创设情境，让学生利用学习的知识快速点亮一个灯泡，并提出解决方案，然后通过网络学习空间帮助学生进行可视化讨论，激发学生兴趣，由旧知导入新知。

2. 协作建构，奠定生成

教师通过网络学习平台提供微课与演示程序等可视化工具供学生学习，帮助学生理解点亮灯泡的知识；学生分组自行连接电路，点亮灯泡；教师利用视频拍摄工具与录制工具，实现学生协作过程的可视化呈现；最后，教师展示录制视频，并请小组上前交流展示。

3. 小组实践，实现生成

教师通过网络学习空间提供可视化应用工具，支持学生完成电路模拟实验，并引导同学将实验过程记录上传，实现形态性知识可视化表征，最后再由不同小组进行汇报展示。

4. 总结反思，深化生成

教师通过可视化工具总结本节课学习要点，并引导学生既要利用好电，又要注意自我保护和用电安全。

5. 迁移拓展，升维生成

教师讲明作业要求，学生课后按要求完成设计作业，并拍照上传至网络学习空间开展讨论互评。

六、 研究结论

(一)厘清了可视化技术对知识生成的支持作用

本研究在分析大量文献的基础上，首先认为生成性知识是以生成性教学观为基础，师生在特定情境下开展生成性教学，在教学活动中通过观察、交互、反思等活动，共同建构并创造的产物。接着，通过理论分析和理论演绎，提出生成性知识可分为形态性知识、内容性知识、价值性知识三种类别。最后，结合可视化技术的分类与特点，将可视化技术应用于三种类别知识的生成环节，厘清可视化技术对三种类别知识的支持作用。

(二)构建了支持生成性知识可视化的网络学习空间架构

本研究在分析了生成性知识的内涵、分类及可视化表征方法的基础上，借鉴软件开发的方法，通过需求分析、要素分析、结构设计等，总结出网络学习空间对生成性知识可视化的功能支持，构建了以物联网、移动互联终端、云服务技术为主的基础层，以知识可视化工具、生成性学习资源为主的工具资源层，以教师端、学生端及其应用服务为主的用户应用层的网络学习空间架构，并以"iClass"网络学习空间为实践应用空间，通过相应的技术手段实现了三种类别的生成性知识可视化表征。

（三）验证了基于网络学习空间的生成性知识可视化对提升学生形态性知识生成能力的有效性

本研究在面向生成性知识可视化的网络学习空间实践应用中，选择 L 小学科学课程开展实践应用。通过实验发现，实验班学生在形态性知识的生成能力均明显优于对照班学生，验证了基于网络学习空间的形态性知识可视化对学生形态性知识的生成能力有明显的提升作用，并通过实践教学的应用推动了生成性教学的有序开展及网络学习空间在基础教育中的创新发展。

第二节　科学探究的可视化课堂[①]

科学学习要以探究为核心，然而，当前小学科学课堂中存在探究过程开展无序、探究内容较为抽象等现象，导致科学探究兴趣不足、科学探究能力缺乏，影响了科学探究教学的有效开展以及学生科学素养的培养。随着可视化技术不断发展与成熟，科学探究的过程得以直观形象地呈现给学生，为学生提供生动的探究支架。同时，丰富的可视化工具可将科学探究过程中的数据、知识转化为形象化的视觉表达形式，以促进科学探究的有效开展。因此，将科学探究过程可视化，为小学生有效开展科学探究提供引导，对提升小学生的科学探究素养具有非常重要的意义。

一、　研究背景与问题提出

（一）研究背景

1. 科学探究在小学科学教育中的重要性

当今国际基础教育改革热潮中，科学探究广受关注。美国国家科学院在 1996 年颁布的《国家科学教育标准》（National Science Education Standards, NSES）提出了以科学探究作为科学教育核心的理念。此后，许多国家纷纷借鉴，将探究式教学引入科学教育改革。我国也于 2001 年颁布了《全日制义务教育小

---

① 　倪妙珊. 小学科学探究过程的可视化研究[D]. 广州：华南师范大学，2016.

学科学(3～6 年级)课程标准(实验稿)》,其明确指出"科学学习要以探究为核心",确立了科学探究教学的重要地位。2022 年,我国印发的《义务教育课程方案和课程标准(2022 年版)》也再次强调了"探究实践"在科学学习中占据重要地位。

科学探究是学生学习和掌握科学知识和技能、培养科学兴趣和思维习惯、弘扬科学精神的主要途径。科学探究的过程体现了假说演绎的科学方法,促进学生自身知识建构,是科学本质和教育本质相统一的过程。[①] 要在科学教学中体现以探究为核心,需让学生亲历以探究方式进行的学科学的实践活动和过程。因此,厘清小学科学探究的过程、内涵与类型,并利用技术支持与促进学生亲历科学探究过程,具有重要的意义。

2. 科学探究过程可视化的实际意义

小学科学探究是以培养科学素养为宗旨的启蒙教育,是模拟科学家探究新领域知识的方法,它是一个复杂、多层面、方式多样、循环上升的过程。然而当前小学科学课程中却存在诸多问题,如教学过程流于形式、探究活动开展无序,影响了科学探究课程的开展和学生科学素养的培养。此外,科学探究中涉及概念认知、数据分析、思维交流等一系列抽象性的过程,加之小学生的思维方式以具体形象思维为主,并向抽象思维过渡,亟须在小学生的科学探究与意义建构中间架起一座桥梁,进而提高小学生科学探究的有效性。

可视化是运用计算机图形学或一般图形学的原理和方法,将数据转换为图形、图像,以直观的形式表示出来的理论、方法和技术。[②] 小学科学课程利用技术将科学探究过程可视化,能够为小学生提供直观的探究过程导航支架,支持探究活动的开展。同时,通过可视化的认知工具将科学探究过程中复杂抽象的知识和思维过程的逻辑关系简单、形象地表现出来,符合小学生认知发展特点,对促进小学生意义建构、发展学生科学探究思维和提升科学探究能力尤为重要。

随着智能技术的快速发展,物联网、大数据、虚拟现实等新一代新兴技术被广泛应用于教育领域,使可视化技术快速发展,为促进科学探究教学的改革

---

① 殷蕊. 对小学科学探究过程的研究[D]. 首都师范大学,2008.
② 潘云鹤. 计算机图形学——原理、方法与应用[M]. 北京:高等教育出版社,2002.

提供了新的契机。因此，利用智能技术开展小学科学探究过程的可视化研究，具有重要的实践价值。

(二)问题提出

综上所述，本研究立足于小学科学探究过程，以可视化技术为支持，通过理论分析、技术实现和教学应用，探索科学探究过程的可视化方法，以期提升小学生的科学探究能力，培养小学生科学情感、态度与价值观，促进小学生科学知识的掌握，最终提升小学生的科学素养，为技术支持的科学探究改革与实践提供借鉴。为此，本研究提出如下三个具体问题：

第一，小学科学探究过程的可视化是什么？

第二，如何实现小学科学探究过程的可视化？

第三，小学生科学探究过程可视化对提升小学生科学素养的效果如何？

二、 相关研究述评

(一)科学探究过程研究现状

国内关于科学探究过程的研究主要划分为理论分析、实践研究、经验总结和教学案例四个方面。科学探究过程研究以经验总结和案例分析为主，提倡学生亲历科学探究过程。也有研究者根据经验撰写教学设计案例，但很少能将这些经验进行理论升华。如孟凡海认为培养学生的科学素养需要学生亲自动脑、亲自实践、亲自经历科学探究过程，并提出五种培养学生科学素养的经验。[1] 也有研究者从心理学角度，探析科学探究过程中的思维及其基本特征。关于科学探究过程的理论分析和实证研究不多，更多的是对国外模式的介绍、评价与改进。如蔡彩虹对国外研究较为成熟合理的科学探究过程模式图(Inquiry Wheel)和用于指导具体教学实践的科学探究操作模式图(Inquiry Circle)进行介绍和评价；[2] 殷蕊采用因素分析法，对国内外各类科学探究过程的基本阶段进行抽取，梳理小学科学探究过程中各阶段与阶段内环节间的相互关系。[3]

---

① 孟凡海. 经历科学探究过程 培养学生科学素养[J]. 教育教学论坛，2014(27).
② 蔡彩虹. 国外几种科学探究模型评价及启示[J]. 化学教学，2006(09).
③ 殷蕊. 对小学科学探究过程的研究[D]. 首都师范大学，2008.

　　科学探究起源于美国，目前已经形成了较多较为成熟的科学探究过程模式。美国教育学家杜威从实用主义立场出发，首次在学校科学教育中运用探究的方法，并提出了"五步探究模式"；施瓦布（Schwab，J. J.）首次明确提出探究学习，并在"生物科学探究模式"中提出了确定研究对象和方法重点、学生构建问题、推测问题症结、解决问题的探究过程；萨其曼（Suchman，R.）提出的"探究训练模式"则遵循展示问题、假设和收集资料、提出新架设和收集资料、得出结论、分析五个连续的过程。随着研究的不断推进，不同的研究者不断提出新的探究过程模式。如卡普拉斯提出的"学习环"模式，将探究分为概念探讨、概念介绍和概念应用三个程序；Margus Pedaste 等人通过对 EBSCO Host 数据库中 32 篇与科学探究过程相关的文献进行分析，得出科学探究的过程包括 5 个阶段：定位（Orientation）、概念化（Conceptualization）、调查（Investigation）、结论（Conclusion）和讨论（Discussion）。[①]

　　目前对小学科学探究的认识和重视的程度在不断加深，但关于小学生科学探究过程本身的研究并不多见，且以学科教师经验总结为主，缺少系统总结。因此，在当前"双减"背景下，结合我国小学生认知特点和技术的作用，系统分析小学科学探究过程的内涵、环节、特点与类型，对丰富小学科学探究过程的相关研究具有重要理论价值。

（二）科学探究过程可视化研究现状

　　国内关于科学探究过程可视化的研究主要关注可视化的科学探究环境设计和思维导图、概念图等可视化思维工具在科学探究过程中应用两方面。科学探究环境的开发初步关注科学探究过程，但由于探究资源、环境的限制，大多数探究活动停留在表层，缺少系统深入分析。如侯兰以小学科学探究的基本流程为依据开发了 Science-WebQuest 网络平台，旨在支持学生在轻松的网络环境中获得知识[②]；

---

① Margus Pedaste, Mario Mäeots, Leo A. Siiman, Ton de Jong, Siswa A. N. van Riesen, Ellen T. Kamp, Constantinos C. Manoli, Zacharias C. Zacharia, Eleftheria Tsourlidaki. 2015, Phases of inquiry-based learning: Definitions and the inquiry cycle. Educational Research Review, 14.

② 侯兰. 小学科学网络探究（Science-WebQuest）学习模式的构建与应用[D]. 首都师范大学，2009.

韩少勋基于物联网环境对小学科学探究活动目标、环境、过程、评价四个要素进行设计，使探究环境变得更加智能、高效。[①] 可视化工具在科学探究过程中应用方面，重点关注虚拟仿真工具和可视化认知工具对科学探究的支持。如张军征等人对模拟软件促进科学课程探究学习的作用进行了分析，认为模拟软件能够在创设自主探索学习环境和有效引导探究两个方面促进科学探究学习；[②] 张金福研究概念图在科学探究过程中的运用策略；万菲构建了基于认知工具的中学科学探究学习模式，并验证了思维导图能有效支撑探究学习各过程的进行。[③]

国外科学探究过程可视化的相关研究分为理论探讨、技术实现和实践应用三方面。在理论探讨方面，关注可视化技术的内涵、应用目标和应用效果。如菲利普斯(Phillips)等认为科学教育中的可视化可以分为可视化对象、可视化思维和可视化内化三个方面；[④] 丹妮拉(Daniela)认为科学教育中的可视化目标可以分为促进对概念和过程的理解、将不可见信息转化为可见信息、高效表达有意义的细节特征三方面；[⑤] 拉普(Rapp)等人从认知科学角度，对可视化的过程与效果进行分析，认为通过可视化的方式能够激活人脑，帮助学生对科学概念的理解。在技术实现方面，已有研究彰显了可视化技术的重要支持作用。典型的项目有美国的科学教育可视化协作项目、科罗拉多大学 PhET 项目、基于网络的科学探究环节（WISE）项目与整合建模和可视化技术的网络探究环节（WiMVT）。在实践应用方面，主要集中于交互式可视化技术在科学、化学、物理等学科的应用。如常鑫艺等人开展基于网络探究的化学教学实验，学生能对化学反应进行动态可视化在线建构；[⑥] 大卫(David)开展采用交互式模拟技术支

---

① 韩少勋. 物联网环境下的小学科学探究活动设计研究[D]. 江南大学，2013.

② 张军征，樊文芳. 模拟软件促进科学课程探究学习的作用分析[J]. 现代教育技术，2012，22(04).

③ 张金福. 概念图在科学探究可视化教学中的运用[J]. 小学时代（教育研究），2013(15).

④ Phillips L M，Norris S P，Macnab J S. 2010. Visualization in mathematics，reading and science education. Dordrecht：Springer.

⑤ Daniela Chudá. 2007. Visualization in education of theoretical computer science. Computer systems and technologies.

⑥ Hsin-Yi Chang，Zhihui H. Zhang，Shu-Yuan Chang. 2014，Adaptation of an Inquiry Visualization Curriculum and its Impact on Chemistry Learning. The Asia-Pacific Education Researcher，23(3).

持教师的物理科学教学。

国内对科学探究过程可视化的研究起步较晚，尽管已有研究表明，思维导图、概念图、虚拟实验、探究环境等可视化工具/环境对科学探究具有较好的促进作用，但文章数量却很少，且技术应用单一，缺少针对小学科学探究过程的相关研究。国外的研究从理论与实践上证明了适当的可视化对科学探究效果具有良好的促进作用，并为本研究提供了相关的可视化技术实现和教学应用的案例。

三、 科学探究过程的理论分析

（一）科学探究的内涵

科学探究过程是从事科学探究活动所经历的外在操作过程和内在心智活动历程合一的过程。为了更好地理解科学探究过程的内涵，本研究将从探究方法、认知活动和心理机制三个角度进行解读。

1. 探究方法角度：科学探究过程是对科学家探究过程的模拟

从方法论的角度看，学生在科学探究过程中，通过模拟科学家采用的探究过程与方法，提出并解决与他们生活密切相关的科学性问题，并积极参与到知识的获得过程中去。科学家在开展科学探究前，首先会提出明确的科学问题，然后基于观察和已有的知识经验提出自己的假设。为了保证检验假设过程有序开展，科学家先制订研究方案，然后根据方案，经过观察、实验等一系列活动获得回答假设的资料与数据。接着，将收集到的资料和数据与已有的知识相联系，并通过逻辑推理为现象产生的结果提供解释，经过反复验证后形成自己的结论。最后，科学家将自己所研究的问题、程序、证据和解释进行表达，与人交流，以便质疑者进一步核实及其他科学家将其解释用于研究新的问题。在这一系列过程中，问题是科学探究的核心。相对于科学家的探究，学生探究的问题是对自身未知的领域，并通过对自己存在的困惑进行探究，丰富和拓展对世界的认识，从而建立科学的世界观。

2. 认知活动角度：科学探究过程是不断意义建构的过程

从认知的角度看，科学探究过程是要经历多次循环往复的"问题—假设—检验—问题"的过程，在探究者的心中，由于他人的启发、合作的探索和当时的境况不断探索科学知识和建构自己的理解。在科学探究过程中，当个体已有的知识经验难以满足对所遇到的科学现象或问题进行解释时，便会产生认知冲突。为了解决冲突，个体需要围绕所面对的问题进行思考，做出计划，并通过各种途径进行分析、综合、比较、概括，在与他人的交流中对自己的看法和做法进行反思，从而实现新的认知平衡。①

3. 心理机制角度：科学探究过程是复杂的心理活动过程

从科学探究的内部心理机制看，科学探究过程是一个复杂的过程，包含着三个层面相互联系的心理活动。一是个体心理层面，科学探究过程是一个"发现和意识到困惑—做出假设和检验—积极建构—发现新的问题和困惑"的过程；二是与他人协作和对话的过程中，在他人启发下，借助他人的经验和合作的活动，在此基础上不断进行意义建构和探索问题解决途径的过程；三是在整个探究活动过程中对自己的认知活动进行监控和调节的元认知过程。② 元认知是指人们对自己认知过程进行有意识的监控和调节的能力。在科学探究的过程中，学生只有不断地对自己的认知活动进行认知，才能保证科学探究活动有效开展。

(二)科学探究的一般过程

由于学生发展水平、科学课程内容和教学环境等因素存在差异，科学探究的过程存在差异。但不论实际教学过程中学生的探究过程如何变化，都需要建立在科学探究的基本环节上，否则就失去了探究的基本规范。根据对科学探究的基本过程和内涵的分析可见，一般的科学探究过程包括假设阶段、探索阶段和形成结论阶段，具体可以分为提出问题、猜想假设、设计方案、检验假设、分析证据、得出结论、表达与交流七个环节，下面简要分析科学探究过程的基本环节，如图 5-12 所示。

---

① 陈琴，庞丽娟. 科学探究：本质、特征与过程的思考[J]. 教育科学，2005，21(01).

② 裴新宁，郑泰年. 在探究中体验科学：科学主题的研究性学习[M]. 广州：广东教育出版社，2006：37-39.

图 5-12　科学探究的一般过程

1. 假设阶段

在假设阶段，学习者通过分析问题情境，提出问题、形成假设。

(1)提出问题

探究始于问题。开展探究的第一步是要提出问题，而学习者的探究也是围绕问题来展开的。教师根据教学内容和教学目标，设计与学生原有认知结构相联系但又联系不紧密、与学习目标相关但又不直接相关的情境，引发学生的认知冲突，从而促使学生处于一种"疑问"状态，自然提出值得探究的问题，并激发他们试图找出解决问题的方法和途径的兴趣，引发探究的产生。

(2)猜想假设

猜想假设即学生通过猜想、预测、推理等内部思维活动形成对问题的假定性答案。猜想假设的主要作用是提出探究的方法和可能性，其既可以帮助学生确定探究方向、制订探究计划、部署探究程序，又可以调动学生积极参与科学探究，促进学生思维能力、创造能力的发展。在猜想假设过程中，常用的方法有归纳法、演绎法、类比法等。

2. 探索阶段

在探索阶段，学习者通过设计方案、检验假设、分析证据等活动对假设进行检验和评价。

(1)设计方案

探究方案的制订是探究过程顺利进行的有力保障。在设计探究方案时，学生需思考探究的原理和方法、实施步骤、工具或材料等内容。方案的设计，既可使学生在一定程度上体验科学家进行科学研究的思想和方法，又可促进学生明确探究目的、任何的操作方法，有条理地开展探究。

(2)检验假设

科学探究重视学生在实践活动中收集实证材料，这是科学探究与其他学习的重要区别。在科学探究过程中，学生根据制订的计划开展探究，收集证据以支持假设的论证。材料搜集的方式有很多，学生可以根据自己的知识和经验对自然现象和生产活动实践进行观察，也可以查阅报纸、杂志等，还可以开展实验。

（3）分析证据

学生在搜集材料后，需要根据信息、事实或者现象之间的关系及其相互联系，对相关信息进行加工整理，对证据进行归纳分析，对现象和数据进行描述处理，进而判断事实证据和假设之间的关系，并通过分析归纳，用科学的方法对事实证据进行概括总结。

3. 形成结论阶段

在形成结论阶段，学习者根据证据分析的结果，并通过客观描述和主观解释与他人进行交流，从而得出结论。

（1）得出结论

在探究过程中，学生分析比较所获得的实验事实和证据，并与已有的知识经验相联系，以科学的方法对证据进行概括总结，就形成了探究结论。

（2）表达与交流

科学探究过程中，表达与交流不仅表现在探究结论形成后的交流，而且贯穿科学探究的全过程。学生通过表达和交流，交换对问题的解释和看法，展示探究成果，在此过程中还会有思维碰撞，引发新的问题和更为深入的探究。可见，表达与交流可加深学生对科学知识的理解，还能促进学生乐于合作和交流、敢于发表见解。

科学探究的问题是多种多样的，人们针对不同的问题所经历的探究过程也不同。同时，科学探究过程是一个不断发现问题和解决问题的过程，在这个过程中，个体不断丰富、调整和完善自己的科学理念。实际上，科学探究的过程是非常复杂的，并非简化的程序所能精确反映，但这并不会影响我们以此为范例来设计和开展科学探究活动。

（三）可视化技术对科学探究的支持作用

可视化、建模、仿真、可操作的数字技术不断发展，为科学探究教学改革提供了新的思路。根据已有的文献可知，研究人员普遍认为，可视化技术能有效地解释、展示和学习科学技术领域的理论、概念和方法。[①] 结合可视化技术的分类与特点，本研究认为可视化技术在科学探究过程中主要有以下支持作用。

1. 可视化技术在假设阶段的功能作用

(1)支持情境的可视化创设

在科学教学中，探究发端于问题，而问题来源于情境。让学习者浸润于模拟的真实情境中，可以促使他们把新经验整合到先前知识结构中，找到适当的连接点，使概念得到更新，使概念得到发展。可以利用图形、动画、视频等可视化资源展示或模拟现实，再现生活中的真实情境，促进学生进入身临其境的问题环境，连接和重组先前知识。

(2)支持思维的可视化表征

学生对情境产生理解后，发现情境中的信息与原有的认知结构不和谐，就会产生认知冲突。这时，可以通过提问和讨论，头脑风暴等方式提出问题。学生提出问题后，为了解决这个问题，学生会尝试给出可能的解释，进行猜想假设。这两个环节是逻辑思维和非逻辑思维并用的过程，可以利用思维导图、概念图、KWLH 图等方式支持学生进行分析，也可以让学生将问题或假设发布到探究平台中，用标签云技术将全体学生的思维进行可视化，促进学生思维的发展。

2. 可视化技术在探索阶段的功能作用

(1)支持方案的可视化规划

在设计方案环节，学生在教师的引导下提出探究思路，制订研究计划。在观察或实验之前，学生要清楚的是做关于什么的实验、实施实验的顺序是什么、每个步骤又是如何细化的三个问题。在这个过程中，教师可以利用流程图、思维导图等可视化工具将实验步骤清晰地记录下来，以支持学生进行分析与表达。

(2)支持事物的可视化模拟

在检验假设环节，学生观察现象，记录数据，以检验最初的假设是否正确，

---

① Phillips L M，Norris S P，Macnab J S. 2010. Visualization in mathematics, reading and science education. Dordrecht：Springer.

在此环节中，可以利用知识可视化工具中模拟呈现功能，帮助学生在可视化环境中获取信息；利用"出声思维可视化"的方法，对探究过程进行记录；利用数据可视化的方法（如电子表格）对探究结果进行记录。

（3）支持数据的可视化分析

在检验假设环节，主要目的是通过分析处理、观察测量，与假设进行比较，做出解释。学生需要通过数据将变量间的关系进行量化，形成定量关系，最后往往需要将假设和实验数据绘制成曲线或图表，以便验证假设是否和产生的实验现象相一致。在此过程中，数据可视化工具可以帮助学生分析处理数据，还可以利用知识可视化工具，进行知识补充或解答学生的困惑。

3. 可视化技术在形成结论阶段的功能作用

（1）支持成果的可视化共享

在形成结论阶段，主要活动是撰写探究报告或日志，可突破传统的书面报告方式，利用思维导图、PPT 等形式进行成果的展示，并通过平台与大家共享探究成果，利用可视化工具可以有效支持成果的可视化共享。

（2）支持观点的可视化交流

交流讨论环节实际上贯穿探究的全过程，以形成结论阶段最为重要。知识可视化工具可以有效支持学生对探究过程和结果的交流与传播，对学生之间知识的社会化起到事半功倍的作用。学生可以利用各种概念建模的软件，将概念从抽象理解转化为可视化的图形图解，并通过学习平台进行交流。通过可视化的交流，学生在交互中不断修正和完善自己的科学概念，在交流中达成共识，形成最终的结论。

四、 科学探究的可视化课堂模式构建

（一）科学探究的可视化课堂模式

根据上述分析，可以表明科学探究的过程包括提出问题、猜想假设、设计方案、检验假设、分析证据、得出结论、表达与交流七个环节，且明晰了可视化技术对科学探究课堂的支持功能与作用。基于此，本研究构建了科学探究的可视化课堂模式，该模式分为假设、探索和形成结论三个阶段，如图 5-13 所示。

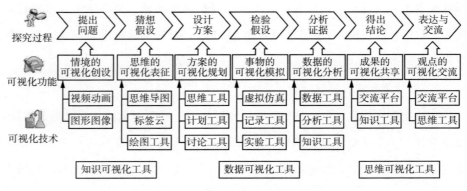

图 5-13　科学探究的可视化课堂模式

1. 假设阶段

本阶段主要开展的探究活动为教师创设探究情境，引发学生提出问题；接着，学生分析现象，进行头脑风暴，提出探究问题。这需要相应的情境创设工具和思维表征工具的支持，提供形象生动的视频情境，激发学生的思维，促进学生进行头脑风暴，并将思维可视化。

2. 探索阶段

本阶段学生通过设计实验方案、搜集证据、检验假设、分析解释证据等活动对假设进行检验和评价。设计方案环节，学生在教师的引导下提出探究思路，制订研究计划，教师可为其提供思维工具和计划工具，有利于学生知识的表达。检验假设环节，学生观察现象，记录数据，以验证最初的假设是否正确，在此过程中教学 Pad 也可提供相关的科学探究工具、信息采集工具进行支持。在探索阶段，学生还需收集多种探究数据，在此过程中，教师可以为学生提供多种知识可视化工具和数据可视化工具。教师可以将辅助探究的资料以二维码文件的形式呈现给学生。学生在探究过程中遇到困难，可以自主扫描二维码，补充更为充分的知识基础或探究证据。学生还可使用相机拍下探究中重要的过程或现象，为结论的得出提供可视化的依据。分析证据环节，学生在大量证据的基础上，通过分析、比较、概括、归纳等方法，对事实证据进行概括总结，形成结论。在这个环节，学生需要相关的数据分析工具支持，将探究数据用更为直观的图形图像进行呈现，支持结论的生成。

3.形成结论阶段

学生根据实验分析结果，通过客观描述和主观解释与他人进行交流，从而得出结论。这个阶段，为学生提供相应的知识可视化或思维可视化工具，以及协作交流工具，支持学生对探究过程和结果的交流与传播。

(二)实验型 SIV 的开发

为确保科学探究的可视化课堂有效落地，本研究在理论分析和模式构建的基础上，进一步开发小学科学探究过程可视化软件(Scientific Inquiry Process Visualization Tool，SIV)的系统模型。同时，本研究选择教育科学出版社出版的《义务教育课程标准实验教科书科学》六年级上册中"斜面的作用""抵抗弯曲"两节典型的实验型科学探究课，完成实验型 SIV 的实例操作。

1.用户需求分析

本研究根据所选择的两节课的教学目标、教学内容与学习者特征，确定软件开发的需求，主要包括：为实验探究过程提供可视化的引导；将学生实验操作过程可视化，以规范学生的实验方法；对学生探究数据进行可视化，促进学生在探究过程中更好地分析数据，得出结论；提供可以即时反馈的个性化拓展练习，促进学生运用所得出的结论解决生活中的实际问题。

2.软件设计

本研究根据所选择的两节课的教学目标、教学内容与学习者特征，确定软件开发的需求，主要包括：为实验探究过程提供可视化的引导；将学生实验操作过程可视化，以规范学生的实验方法；对学生探究数据进行可视化，促进学生在探究过程中更好地分析数据，得出结论；提供可以即时反馈的个性化拓展练习，促进学生运用所得出的结论解决生活中的实际问题。

本研究根据 SIV 的系统模型，结合科学实验课的特点与探究过程，设计了软件的功能架构，主要包括情境导入、科学探究、拓展应用和思考练习四个模块。其中，科学探究模块以实验型科学探究的基本流程为依据，包括"提出问题""猜想假设""设计实验""检验假设"和"得出结论"五个环节。本软件中主要采用的可视化工具有 Video、相机、Numbers 和 iClass。

3. 软件开发

本研究根据需求分析与功能架构进行技术实现，以分步骤导航的形式，引导学生逐步开展探究，并在每个探究步骤中嵌入可视化的资源和工具，学生可根据需要点击进行调用。

在探究过程中，本软件为学习者提供多样化的可视化工具。①利用 Video 视频工具将知识进行可视化，学生可以直观地感知探究情境、了解实验过程的注意事项，以及理解生活中的应用。②利用思维导图，可以将实验计划可视化。③利用相机工具，学生可以拍摄探究过程，并上传到云平台中。在拍摄过程中，学生用"出声思维可视化"的方法记录探究的思维过程，教师还可以分析学生探究过程的视频，对学生实验能力的掌握情况进行评价。④实验型科学探究尤其注重实验数据的收集、记录和分析，本软件采用 Numbers 工具，创建云实验表格，将全班的实验数据进行收集与可视化，有效促进学生的协作意义建构。

4. 软件特点

本研究所开发的实验型 SIV 的主要特色体现在：①将实验型科学探究的过程可视化，引导学生实验的开展。②提供适用于科学实验过程的可视化工具，如相机、云实验表格等，支持学生将实验过程可视化和探究数据可视化。

五、 教学应用与效果分析

(一)实验目的

本实验研究目的是检验在小学科学实验型科学探究教学中，采用 SIV 开展科学探究教学与传统教学效果的差异，即实验型 SIV 在教学中是否有效？

因此，本次准实验研究的目的在于验证以下两个问题。

问题 1：采用实验型 SIV 的科学探究教学是否比传统教学更能够提高学生的科学探究能力？

问题 2：采用实验型 SIV 的科学探究教学是否比传统教学更能够培养学生的科学情感态度和价值观？

问题 3：采用实验型 SIV 的科学探究教学是否比传统教学更能够促进学生科

学知识的掌握，提高学生的科学学习成绩？

(二)实验设计

1. 实验假设

实验假设：在小学科学课堂教学中，采用实验型 SIV 开展科学探究教学比采用传统的课堂教学更能提高学生的科学探究能力、科学探究情感态度与价值观具有显著优势和科学学习成绩更加理想。

根据以上基本假设，可以提出如下三个假设。

假设 1：采用实验型 SIV 的科学探究教学比接受传统教学的学生科学探究能力更强。

假设 2：采用实验型 SIV 的科学探究教学比接受传统教学的学生科学探究情感态度与价值观培养方面具有显著优势。

假设 3：采用实验型 SIV 的科学探究教学比接受传统教学的学生科学学习成绩更加理想。

2. 被试选择

本研究以 L 小学作为实验学校，并在六年级随机选取了两个自然班，六(4)班为实验班，六(2)班为控制班。

3. 实验方法

本研究采用不相等实验组、对照组前后测实验设计。对实验班学生进行实验处理，采用实验型 SIV 开展教学；对照班学生不进行任何实验干预，采用一般的生成性教学方式开展教学。实验结束后，对两个班学生的科学探究能力、科学探究情感态度与价值观和科学知识学习成绩进行对比，以检验实验效果。准实验设计见表 5-6。

表 5-6　不相等实验组控制组前后测对比实验研究程序

探究类型	同时前测		被试分组	实验处理	同时后测
实验型探究	R1	R1≈R2	实验班六(4)班	接受	R3
	R2		控制班六(2)班	不接受	R4

4. 实验内容

本研究与实验学校教师共同协商,选择"斜面的作用""抵抗弯曲"为实验内容,见表 5-7。

表 5-7　对比实验研究教学内容安排

实验学校	实验班	控制班	教学内容	授课教师	课时
L 小学	六(4)班	六(2)班	斜面的作用	梁瑞红	1
			抵抗弯曲	梁瑞红	1

5. 实验变量

(1)自变量及其控制

自变量:X=科学探究方式

自变量变数 X1=采用可视化的科学探究方式

自变量变数 X2=采用传统课堂教学方式

(2)因变量及其测量

因变量:Y=教学效果,具体包括三个因变量

　　　　Y1=科学探究能力

　　　　Y2=科学探究情感态度与价值观

　　　　Y3=科学知识

(3)干扰变量及其控制

干扰变量:学生由于实验时间的延续所引起的科学知识、科学探究能力的增长。本次准实验研究采用不相等实验组对照组前后测准实验设计方法来减弱无关变量的干扰,即选取与实验组尽可能有相同或相近发展水平和能力的对照组。

(三)实验材料

1. 小学科学探究能力评价量表

本研究制定了小学科学探究能力评价指标(见表 5-8),并根据该指标制定相应的评价量表,采用李克特的五分计分法,非常同意为 5 分,同意为 4 分,一般为 3 分,不同意为 2 分,非常不同意为 1 分,反向题目计分方式相反,以总得分

来判断学生的科学探究能力表现。

表 5-8　小学科学探究能力评价指标

因变量	评价指标	指标描述
科学探究能力 （Y1）	认识科学探究	知道什么是科学探究活动
		了解科学实验的基本过程
	提出问题	能从教师给定的情境或任务中提出问题
	猜想与假设	能够依据已有科学知识、经验、知觉对探究的问题和可能出现的结果做出猜想和假设
	制订计划	能根据自己的假设和猜想选择相关信息，例如： • 哪些条件是要改变或不改变的？ • 将会出现哪些反应，应该收集哪些数据？
		能提出探究活动的大致思路
	信息收集	能正确记录实验过程/数据
		能根据收集的证据（数据）对有关现象做出合理解释或进行简单的因果推理
	解释与结论	能分析探究过程，初步得出探究的结果
	反思与评价	能反思自己的探究过程，反思自己的优点和不足
		能提出需要进一步解决的问题
	表达与交流	交流实验结果时思路清晰，表达准确，能正确运用科学术语

2. 小学生科学探究情感态度与价值观评价量表

本研究在参考了多份学习态度和科学态度量表的基础上，自行制定科学探究情感态度与价值观评价量表（见表5-9）。该量表采用李克特的五分计分法，按照非常同意、同意、说不清、不同意、非常不同意分别计 5 分、4 分、3 分、2 分和 1 分，反向题刚好相反，并以总得分来评价学生的科学探究情感态度与价值观。

表 5-9　科学探究情感态度与价值观评价量表

因变量	评价指标	指标描述
科学探究情感态度与价值观（Y2）	兴趣与好奇心	从生活中和老师给定的任务中，能发现有趣的问题，并乐于尝试
		想去了解自然中各种现象产生的原因

续表

因变量	评价指标	指标描述
科学探究 情感态度 与价值观(Y2)	尊重事实	认识到记录实验数据很重要，科学要用事实说话
	怀疑批判	科学和技术也给社会带来了一些负面影响，科学并不总是好的
		当研究结论和老师不同时，学生会及时提出来并讨论
	平等与合作	遇到不明白的地方，会寻求协助并提出问题
		尽力协助组员，并尊重组员的想法
		喜欢和同学合作完成实验
		小组讨论时，积极提出了自己的意见与想法
	STS	认为科学对我的日常生活有帮助

3. 小学科学知识测试卷

学生科学知识(Y3)的评价，则采用阶段性测验来测量，题型包括选择、填空、判断等，主要测验学生对"斜面的作用""抵抗弯曲"中涉及的科学知识的了解、理解和应用水平。测试卷主要为研究者与课程老师一起制定。

(四)实验步骤

1. 实验准备

(1)制订实验方案

本研究根据实验目的进行实验方案的制订。

(2)编制测量工具

本研究在对实验学校的科学教师和学生进行访谈的基础上，编制了科学探究能力与科学探究情感态度和价值观调查问卷，并对问卷进行实测，确定信度、效度，同时制定科学知识测试题。

(3)设计教学方案

在开展研究之前，笔者与实验教师充分沟通与交流，使教师了解小学科学探究过程可视化的理念与实施要点，根据教学大纲选取典型的实验型科学探究内容，并分别进行教学设计和实验型 SIV 的系统实现。

2. 前测

为保证参与研究的实验对象原有水平相近，本研究采用问卷调查法和纸笔测验法，对 L 小学六(4)班和六(2)班学生进行前测，分析学生科学探究能力、科学探究情感态度与价值观和科学知识的起始水平，通过独立样本 t 检验对收集的数据进行分析，结果表明六(4)班和六(2)班学生的科学知识掌握情况没有显著性差异。

3. 教学实施

本次准实验研究是在常规课堂教学中完成的，每节课时长 40 分钟。在本实验中，按照不相等实验组、对照组前后测准实验设计模式，六(4)班采用实验型 SIV 开展探究，六(2)班则使用常规的教学方法进行教学、学生在没有计算机网络的环境下进行学习。

4. 后测

教学实施结束后，采用所设计的量表，对实验班和对照班学生的科学探究能力、科学探究情感态度与价值观和科学知识进行后测，并采用独立样本 t 检验分析是否存在差异。

(1)科学探究能力后测

小学生科学探究能力后测情况与分析结果见表 5-10。

表 5-10　科学探究能力后测数据分析

组别统计量					
项目	班级	N	均值	标准差	均值的标准误差
科学探究能力后测	六(4)班	30	35.100	2.578	0.471
	六(2)班	26	38.692	2.811	0.551

独立样本 t 检验							
项目		方差方程的 Levene 检验		均值方程的 t 检验			
		F	显著性	t	df	Sig.(双侧)	均值差值	标准误差
科学探究能力后测	假设方差相等	0.176	0.676	4.987	54	0.000	−3.592	0.720
	假设方差不相等			4.956	51.252	0.000	−3.592	0.725

从表 5-10 可知，显著性概率 $p=0.676$，由于 p 值大于 0.05，因此可以得出

两组方差没有显著性差异，在独立样本 t 检验的结果中应选择"假设方差相等"这一行的数据，即 $Sig.$（双侧）的显著性概率为 0.000，小于 0.05，可以得出结论：L 小学六(4)班和六(2)班学生的科学探究能力具有显著性差异。

(2)科学情感态度与价值观后测

小学生科学情感态度与价值观后测情况与分析结果见表 5-11。

表 5-11　科学探究情感态度与价值观后测数据分析

组别统计量					
项目	班级	N	均值	标准差	均值的标准误差
科学探究情感态度与价值观后测	六(4)班	30	32.967	3.146	0.574
	六(2)班	26	35.731	2.864	0.562

独立样本 t 检验							
项目		方差方程的 Levene 检验		均值方程的 t 检验			
		F	显著性	t	df	$Sig.$（双侧）	均值差值	标准误差
科学探究情感态度与价值观后测	假设方差相等	0.093	0.762	-3.417	54	0.001	-2.764	0.809
	假设方差不相等			-3.411	53.854	0.001	-2.764	0.803

从表 5-11 可知，显著性概率 $p=0.762$，由于 p 值大于 0.05，因此可以得出两组方差没有显著性差异，在独立样本 t 检验的结果中应选择"假设方差相等"这一行的数据，即 $Sig.$（双侧）的显著性概率为 0.001，小于 0.05，可以得出结论：L 小学六(4)班和六(2)班学生的科学探究情感态度与价值观具有显著性差异。

(3)科学知识后测

学生科学知识后测情况与分析结果见表 5-12。

表 5-12　学生科学知识后测数据分析

组别统计量					
项目	班级	N	均值	标准差	均值的标准误
科学知识后测	六(4)班	30	36.740	1.431	0.261
	六(2)班	26	38.446	1.006	0.197

续表

项目		方差方程的 Levene 检验		均值方程的 t 检验				
		F	显著性	t	df	$Sig.$ （双侧）	均值差值	标准误差
科学知识 后测	假设方差 相等	1.862	0.178	-5.085	54	0.000	-1.706	0.336
	假设方差 不相等			-5.212	51.913	0.000	-1.706	0.327

从表 5-12 可知，显著性概率 $p=0.178$，由于 p 值大于 0.05，因此可得两组方差没有显著性差异，在独立样本 t 检验的结果中应选择"假设方差相等"这一行的数据，即 $Sig.$（双侧）的显著性概率为 0.000，小于 0.05，可以得出结论：L 小学六（4）班和六（2）班学生的科学知识具有显著性差异。

（4）结果与分析

通过对实验班和对照班前测和后测数据的分析，验证了本次实验的三个假设：实验假设 1（采用实验型 SIV 开展科学探究教学的学生探究能力比接受传统教学的学习科学更强）、实验假设 2（采用实验型 SIV 开展科学探究教学的学生比接受传统教学的学生在学习科学探究情感态度与价值观培养方面具有显著优势）和实验假设 3（采用实验型 SIV 开展科学探究教学的学生科学学习成绩比接受传统教学的学生更加理想）。

（五）应用案例

科学探究的可视化课堂注重教学过程中学生对于知识的建构。因此，该模式更多地被应用于科学课中，以提升学生探究能力和问题解决能力。

案例 5-2：科学六年级上册第一单元第一课时"斜面的作用"

本案例选自 L 小学科学六年级梁老师的可视化课堂教学实践。该节课以科学探究理念与可视化课堂理念为指导进行设计，主要教学目标按知识与技能、过程与方法、情感态度与价值观来设计。

※确定教学目标

1. 知识与技能

(1)像搭在汽车车厢上的木板那样的简单机械叫斜面，斜面可以省力。

(2)斜面省力与坡度大小有关：坡度越小越省力，坡度越大越不省力。

2. 过程与方法

能根据研究内容制订实验计划，并用实验数据来说明斜面省力及其规律。

3. 情感态度与价值观

(1)通过系统化的科学观察过程，树立科学、客观认识事物的观念。

(2)善于在反复观察、研究中完善认识。培养学生分析数据的能力和用数据说话的科学精神。

※教学过程

本案例采用科学探究的可视化课堂模式进行教学，主要分为七个环节，分别为"情境导入，提出问题""联系旧知，建立假设""支架引导，设计实验""提供工具，检验假设""协作建构，得出结论""联系生活，拓展延伸"和"归纳总结，反思收获"，具体教学流程如图 5-14 所示。

1. 情境导入，提出问题

教师引导学生回顾开展科学探究实验的步骤与方法，通过创设问题情境，让学生感知情境，明确任务。

2. 联系旧知，建立假设

教师提出问题，引导学生在探究平台讨论运用斜面往高处搬运重物有什么作用，并与同伴交流，同时提出实验假设。

3. 支架引导，设计实验

教师提供探究资源，提出探究问题。学生学习数字资源，开展合作学习，利用思维导图工具分组设计实验方案，在网络学习空间与教师互评交流，生成最佳实验设计。

4. 提供工具，检验假设

教师提供探究工具，拍摄探究过程，提出实验要求，并补充讲解探究注意事项，让学生记录整个探究过程。学生能够在探究过程中更好地迁移应用所学知识，生成新知。

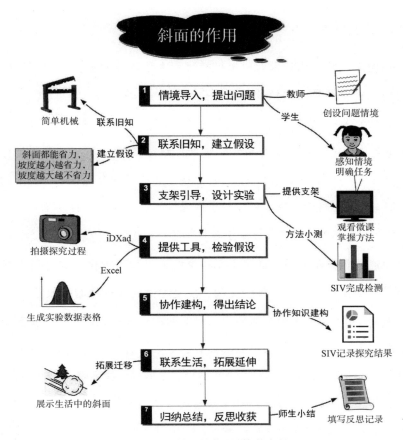

图 5-14 "斜面的作用"教学流程

5.协作建构，得出结论

教师引导学生开展实验，然后引导学生小组代表汇报探究结果并进行点评、归纳，并利用可视化工具进行探究数据的可视化分析。

6.联系生活，拓展延伸

教师引导学生联系生活，尝试利用所学解决生活中的问题，组织学生交流分享，培养学生解决问题的意识。

7.归纳总结，反思收获

教师对本节课的知识点、重难点、存疑点进行归纳小结。通过反思总结，学生在学与做之间体会学习科学的价值，并内化为自己的知识和技能。

六、 研究结论

(一)厘清了可视化技术对科学探究过程中各环节的支持作用，构建了科学探究的可视化课堂模式和 SIV 系统模型

本研究在分析大量文献的基础上，借鉴当前数字化学习软件资源的设计思路，借助项目管理学中"任务分解"和"进度计划"的概念，提出了将科学探究过程进行可视化表征的思路，厘清了可视化技术对科学探究过程中各环节的支持作用。同时，在对科学探究过程和科学探究过程的可视化进行理论分析的基础上，构建了科学探究的可视化课堂模式和 SIV 系统模型。

(二)通过实验研究，验证了小学科学探究过程可视化对提升科学探究能力、培养科学探究情感态度与价值观、提高学生科学成绩的有效性

本研究采用不相等实验组对照组前后测的准实验模式，开展了实验型科学探究过程的可视化实践，并分析其具体教学效果。通过数据和资料表明，小学科学探究过程的可视化对提高科学探究能力、培养科学探究情感态度与价值观、学生科学知识的掌握三个方面均有较好的促进作用。同时，科学探究过程可视化软件的接受度与满意度调查结果显示，学生对在科学观察活动中应用 SIV 的接受度和满意度较高，并期望在未来的探究学习中继续采用可视化的方式进行探究。

第三节　有效学习的可视化课堂[①]

随着智能技术的蓬勃发展与教育新型基础设施建设的快速推进，教育数字化转型逐渐成为教育改革的新风向。如何以数字化改革助力"双减"政策落地，切实提高教学质量，促进学生的有效学习，是目前基础教育改革重点关注的问题。数字化转型强调智能技术推动教育创新变革、数据赋能教育精准决策，要求充分发挥数据作为新型生产要素的作用。数据可视化产生的"教学—数据"关

---

① 白雨澄. 智慧课堂数据可视化促进小学生有效学习的策略研究[D]. 广州：华南师范大学，2022.

联，能够助力教与学精准评价，促进教学良性循环，从而支持有效学习的发生。在教育信息化时代，探索利用数据可视化工具促进学生有效学习行为，推动课堂减负增效提质，具有重要的理论意义和实践价值。

一、 研究背景与问题提出

（一）研究背景

1. "双减"政策为基础教育课堂高效改革提供新视角

随着《关于进一步减轻义务教育阶段学生作业负担和校外培训负担的意见》①的发布，如何给学生"减负"、给课堂"增效"，促进学生的有效学习，成了大家讨论的热点，关于有效学习的研究也成了焦点。"双减"政策要求学校持续发挥教育主阵地的作用，保障学生在校的学习质量，减轻学生的学习压力，而课堂是教学的首要阵地，学生课堂学习的有效性也是教育研究者无法避开的话题。有效学习恰巧能为解决"学习内容无限"和"学习时间有限"矛盾提供关键支点，是促进学习目标达成、提高课堂教学质量的基础，也是助力"双减"政策落地的关键。

2. 智慧课堂的推广应用为课堂数据可视化提供保障

《教育部等六部门关于推进教育新型基础设施建设构建高质量教育支撑体系的指导意见》强调，以数据支撑教育的科学决策，提升教育发展动态检测能力，是智能时代教与学变革的重要趋势。② 智慧课堂作为新时代实现教与学变革和培养智慧人才的重要抓手，能通过大数据、学习分析等技术实现智慧学情分析，为课堂组织与活动的个性精准实施提供数据支持③，从而为课堂数据可视化提供环境保障。在教育信息化不断推进的进程中，智慧教育理念已扎根在每一个教

---

① 中共中央办公厅 国务院办公厅印发《关于进一步减轻义务教育阶段学生作业负担和校外培训负担的意见》[EB/OL]. http://www.gov.cn/zhengce/2021-07-24/content_5627132.html，（2021-07-24）[2022-10-20].

② 《教育部等六部门关于推进教育新型基础设施建设构建高质量教育支撑体系的指导意见》[EB/OL]. http://www.moe.gov.cn/srcsite/A16/s3342/202107/t20210720_545783.html，（2021-07-20）[2022-10-20].

③ 邱艺，谢幼如，李世杰，黎佳. 走向智慧时代的课堂变革[J]. 电化教育研究，2018（07）.

育者的心中，技术的发展进步也在不断推动传统教学环境的升级与进化。智慧教学环境支持教育教学会产生大量的教学数据，这类教学数据能够被智慧学习环境捕捉、记录，通过对这些多维数据的可视化分析，能够挖掘出教学背后的隐含信息，再以可视化的手段展现出来，便于师生转变教育、学习策略，为教学管理者的教育决策提供了重要参考。

3. 数据可视化为有效学习提供反馈支撑

信息时代的人们每天都要面对海量的信息、内容与知识，若采用不恰当的学习方式，极易陷入无序且无效的学习状态。中共中央、国务院于 2020 年印发《深化新时代教育评价改革总体方案》，明确提出"改进结果评价，强化过程评价，探索增值评价，健全综合评价，充分利用信息技术，提高教育评价的科学性、专业性、客观性"。评价反馈是有效学习中的重要一环。智慧课堂数据可视化是课堂动态调整的依据，是有效学习发生的支点。学生通过数据可视化表征观测自身学习表现，教师通过数据可视化形式理解数据内涵并将其应用于教学改进。在理想状况下的反馈系统具备极高的智能性，不仅能够根据学生的基本情况与学习任务的难度自动为学生提供个性化的反馈指导，而且能协助教师进行学情诊断分析与教学方法调控，真正体现"以学生为中心"的教学理念、促进学生进行有效学习。

然而，目前基础教育的智慧课堂实践中普遍存在数据利用不足、课堂质量低下、无效学习泛滥等问题。因此，基于有效学习的理论探析，融合数据可视化的技术功能，打造小学生"减负增效提质"智慧课堂，构建数据可视化促进小学生有效学习的策略应用模式具有重要意义。

(二)问题提出

综上所述，有效学习关乎学生的学习质量与效率，在信息化 2.0 时代中，如何在智慧课堂中促进学生的有效学习，是值得探讨的问题。因此，本研究借助智慧课堂数据可视化手段，期望构建策略以促进小学生的有效学习。基于以上研究背景，本研究提出主要的研究问题如下：

①智慧课堂中会产生哪些教学数据？

②如何可视化智慧课堂中产生的教学数据？

③如何构建基于智慧课堂数据可视化促进有效学习策略？

④有效学习促进策略该如何应用？效果如何？

二、 相关研究述评

（一）数据可视化研究述评

目前国内外教育领域中关于数据可视化的研究主要围绕数据可视化的教学应用和数据可视化工具研究两方面展开。在数据可视化的教学应用方面，阮士桂等人从课堂数据可视化"是什么（What）""为什么而用（Why）""怎么用（How）"三个问题出发，探究不同课堂表现数据的获取与应用，为课堂数据可视化的应用与完善提供了一定的参考①；罗仁芝基于可视化大数据的内涵与应用价值，分析了可视化大数据在在线教育教学中的应用现状与意义，并提出可视化大数据在在线教育教学中的应用策略②；康诺尔（Conole G）和菲尔（Fill K. A）设计了一个学习设计工具包，能够帮助学生有效地利用信息技术进行学习，学习设计工具包其中一个主要功能就是帮助学生可视化地获取学习数据，从而能够帮助学生生成有效学习的方案③；罗（Lo Y. H.）基于 GUI 的可视化工具和Python 的数据分析功能，发现越来越多的编程可以通过可视化工具实现，学生也能够将复杂难懂的编程通过可视化知识付诸实践。④

综上所述，目前数据可视化的相关研究主要集中于在线教育中的探索与应用，较少关注基础教育课堂中数据可视化的有效实践，并且缺少契合小学生特点的数据可视化教学模式。因此，如何针对智能时代基础教育的课堂特点，提升智能时代数据可视化的科学性与针对性，促进课堂数据反馈，对构建智慧课堂中的数据可视化，支持小学生有效学习策略模式还有待进一步探索。

---

① 阮士桂，郑燕林. 课堂数据可视化的价值与教学应用[J]. 现代远程教育研究，2016(01).

② 罗仁芝. 试论可视化大数据在在线教育教学中的应用[J]. 科技资讯，2020，18(17).

③ Conole G ，Fill K. 2005. A learning design toolkit to create pedagogically effective learning activities. Journal of Interactive Media in Education，8(1).

④ Lo Y. H.，Ming Y，Qu H. 2019. Learning Vis Tools：Teaching Data Visualization Tutorials. 2019 IEEE Visualization Conference(VIS).

(二)有效学习的研究述评

目前国内外关于有效学习的研究主要围绕有效学习的教学策略研究和有效学习的课堂模式研究展开。在有效学习的教学策略研究方面，不同学者从不同角度提出有效学习的教学策略。安富海等人从有效学习本质的角度出发，认为教师需有效激发学生学习动机、有效设计教学活动、及时调整教学行为、适时调整评价手段①；余旋从课堂教学的角度出发，分解了现实中的课堂教学，从课堂准备、课堂维持、课堂复习三个阶段分析了与学生学习的有效性，提出了新课程理念下课堂有效学习的策略②；扎克利(Zachary)针对成人教育提出了指导者自我准备策略，并提供了与被指导者接触与联系的框架与工具③；奇克林(Chickering)和甘姆森(Gamson)提出了鼓励自主学习、最终天赋和学习方式的多元化、强调任务的时间、促进学生之间的合作、鼓励师生互动、提供即时反馈、高期望的沟通七条促进有效学习的策略。④

有效学习的范畴超越了学习内容自身，或者更加严格地说，有效的学习意味着学习准备是有效的、学习过程是有效的、学习结果是有效的，具体体现在学生时间的把握、策略的使用、方法的总结、资源的利用、知识技能和能力的增长以及情感态度的发展，达到学会学习和终身学习的目的。综上所述，有效学习的策略研究较为丰富，但如何根据智能时代小学生有效学习的特点，构建数据可视化促进小学生有效学习的策略，以助力"双减"背景下智慧课堂的提质增效，仍需进一步探索。

---

① 安富海，田倩倩. 基于有效学习的教学策略研究[J]. 当代教育与文化，2015，7(02).

② 余旋. 基于中学课堂环境的有效学习研究[D]. 陕西师范大学，2007.

③ Zachary L. J. 2000. The Mentor's Guide：Facilitating Effective Learning Relationships. The Jossey-Bass Higher and Adult Education Series. Jossey-Bass，350 Sansome Street，San Francisco，CA 94104，Tel：888-378-2537，Fax：800-605-2665，Web site：http://www. josseybass. com，($ 25.95).

④ Chickering，A. W.，& Gamson，Z. F. 1987. Seven principles of good practice in undergraduate education，The American Association of Higher Education（AAHE）Bulletin，3-6.

三、 有效学习过程的理论分析

(一)有效学习的发生机制

通过对有效学习的定义进行总结，本研究认为有效学习发生的机制主要包含：学习准备有效、学习过程有效和学习结果有效。

1. 学习准备有效

学习准备有效是指学习者在开始学习前，具有一定的知识储备基础，能够主动了解、预习学习内容，并制定学习目标。有效的学习目标包含表现、条件和标准，学习者能够基于有效的学习目标寻找相应的学习资源、方法策略，并对学习过程中的结果目标产生激励和反馈作用。[①]

2. 学习过程有效

学习过程有效是指学习者在学习过程中拥有结构清晰的学习内容，运用恰当的学习方法，实施合理的学习路径，完成适宜的学习任务。在课堂有效学习过程中，学习者应选择合适的学习方法，主动而积极地投入课堂活动中。课堂活动包括教师组织的一些显性活动以及教学过程中存在的隐性思维活动和情感活动，学生能通过参与课堂活动，较好地完成课堂学习任务。

3. 学习结果有效

学习结果有效是指学习者的学习情感态度价值观得以改善、技能知识得以发展以及学习能力得以培养。学习成果在一定程度上能通过学习目标是否达成来进行检验。

(二)数据可视化对有效学习的支持作用

数据是支持教学决策的"证据"，而正确的教学决策服务于学生的学习方式选择、过程监管、目标达成和结果评价，这都是有效学习活动发生的重要环节。通过对小学生的认知发展情况进行分析，发现小学生还很难理解课堂数据背后蕴含的意义，无法很快找到课堂数据与自身学习之间的连接，而数据可视化通过对教学过程中不断累积的数据予以可视化的展示，不仅继承了可视化"一图胜

---

① Mager，R. F. 1962. Preparing instructional objectives. Fearon Pubulishers.

千言"的表达优势，而且通过技术以动态呈现、及时反馈的方式将已经构建教学关联的课堂数据融入课堂各环节的教学活动中。

1. 数据可视化支持有效学习决策

决策作为有效学习中的一种具有选择性的思维活动，会受到有效学习评价的影响。在做出一系列决策前，学习者需要充足的"证据"去佐证决策的正确性，而这些"证据"隐藏在课堂数据中，数据可视化将这些"证据"表达出来，更好地协助学生进行有效的学习决策。例如，学生不知道是否还需要做练习去巩固本节课所学知识，通过教育平台根据学生基本情况精准推送的测验题结果数据可视化，让学生了解自己的学习状况以及在班级中的学习水平，再对"是否需要巩固练习"这一选择进行决策就容易得多。

2. 数据可视化支持有效学习评价

评价是有效学习流程中最重要的一环，没有合适的学习评价，就无法形成学习的有效循环。数据可视化在有效学习中的重要作用是帮助学生更好地找到课堂数据与自身学习情况之间的关系，将智能化诊断评价的纯数据结果转换成学生更好理解的图形化结果。学生能够根据数据可视化呈现结果对自己的学习行为进行评价、监管与调控，从而达成学习目标，改进学习方案，形成有效学习的新形态。数据可视化为基础教育的综合素质评价的表现方式提供了更多的可能，教师能够利用雷达图展示学生多维学习能力的评价结果，也可以用柱形图展现班级整体的练习情况等，这些形式突破了传统的"成绩即能力"评价理念，从多种方面全方位支持有效学习评价。

四、 有效学习的可视化课堂模式构建

(一)可视化课堂中有效学习的一般流程

本研究通过梳理数据可视化对小学生有效学习的支持作用，归纳总结了数据可视化支持小学生有效学习的一般教学流程，包括"主动预学，学习准备""过程监控，调整教学""练习测评，巩固提升""有效指导，全面发展""评价可视，目标达成"五个主要环节，具体如图5-15所示。

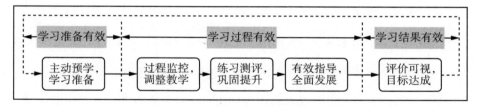

图 5-15 数据可视化支持的小学生有效学习一般流程

1. 主动预学，学习准备

主动预学，是有效学习中的先导阶段，在此阶段学生了解学习内容、制定学习目标、收集学习资源、选择学习方式，为有效学习的顺利实施提供坚实的学习准备。在学习准备中，学生通过预学，初步制定学习目标、了解学习任务，并根据预学数据可视化展示结果，初步认知自身学习情况。同时，依据学情、知识内容与学习任务等，主动了解、选择契合的学习方式。

2. 过程监控，调整教学

过程监控是有效学习中的调整阶段，在此阶段师生都根据学习经历对教法、学法进行一定的调整。课堂行为数据可视化工具能把教学情况即时展示，学生能够通过可视化结果评估自身学习行为是否积极正向，若行为表现为有待改进，及时调整自己的学习行为，改进自己的学习方式，提升学习效率。这一过程是在课堂数据不断累积的基础上进行的，也体现了学生在学习历程中的生成性。

3. 练习测评，巩固提升

练习测评是有效学习中的检验学习效果、巩固基础提升的阶段。在学习过程中，学生通过分层练习，了解新知识的掌握程度。学生对练习结果数据可视化报告分析后，找准知识学习薄弱点，精准巩固，把握知识。练习结果及时可视化，不但能够增强学生对自己学习情况的把控度，而且能够激发学生的学习兴趣，让学生在学习中"看见"自己的进步。

4. 有效指导，全面发展

有效指导是有效学习中的知识生成、能力提升的阶段。教师根据课中数据可视化呈现结果，为学生提供个性化指导，促进学生的知识巩固、技能提升，培养学生的学习能力。在此环节中，主要体现教师的引导作用，课堂有效指导是有效学习的动力源。教师不仅仅是答疑解惑的存在，还是学生学习支架搭建的帮手。教师应该在学生掌握学习内容的基础上，不断帮助学生全面发展。

5.评价可视，目标达成

评价是教学的重要组成成分，评价可视也是有效学习中确认目标是否完成、评估学习效果的重要环节。在课程内容结束后，展示本节课或本单元学习评价可视化报告，学生通过学习评价可视化报告确认初设学习目标是否达成。学习评价可视化报告能够直观展示学生的学习情况，帮助学生对经历的学习过程进行复盘、反思，以促进下一轮有效学习的持续发生。

(二)有效学习的可视化课堂模式构建

本研究通过梳理数据可视化对小学生有效学习的支持作用，构建了有效学习的可视化课堂模式 V1，具体如图 5-16 所示。学情诊断掌控、学习过程监测与效果评价分析是数据可视化在有效学习课堂中的重要表征。在学习准备中，学生针对预学自测数据可视化展示的预学情况，制定学习目标、细化学习任务，教师通过预学数据的可视化分析报告，精准诊断学情、设计教学内容，促进学生有效学习活动的发生。在学习过程中，课堂行为数据可视化与课堂练习数据可视化能够帮助学生充分了解自身学习状态、合理选择学习方式、调控"无效"学习行为，教师根据学习过程数据监测及时调整教学策略、有效开展指导。在学习结果中，学生能够凭借智慧教学平台或数据可视化 App 提供个性化数据可视化报告，更好地进行学习评价，为再一次有效学习活动积累经验。

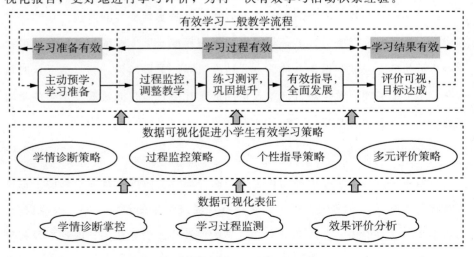

图 5-16 有效学习的可视化课堂模式 V1

五、 教学应用与效果分析

本研究在对数据可视化与有效学习的相关理论分析后，以有效学习的发生机制、数据可视化对有效学习的支持、模式构建三个方面为重点，采用行动研究法，依托 L 小学四年级数学课程，开展两轮教学实践活动，应用有效学习的可视化课堂模式以及检验其效果。

（一）行动研究设计

1. 研究对象

本研究选取 L 小学数学学科开展教学实践，研究对象为四（1）班和四（2）班共 71 名学生。其中，将四（1）班设为实验组，四（2）班设为对照组。研究选取人教版《数学》四年级上册四个单元作为实验载体，根据教学实际辅以其他数据可视化工具，开展为期三个月（2021 年 9—11 月）的教学实践研究。

2. 研究总体设计

本研究的总体目标为分析有效学习的可视化课堂模式效果，在教学实践中整体提升学生有效学习的能力，并不断改进、完善策略应用，检验策略应用效果，形成最终的应用模式。

根据数学四年级上册课程安排的具体情况，本研究设计两轮行动研究，具体每一轮的行动研究内容见表 5-13。

表 5-13　行动研究计划表

行动研究	研究目标	教学内容	研究对象
第一轮 2021 年 9 月 10 日— 2021 年 10 月 22 日	应用模式。分析数据可视化促进小学生有效学习的教学流程的合理性，并在具体的教学环节中应用数据可视化促进小学生有效学习的策略。	① 公顷和平方千米 ② 角的度量	四（1）班、四（2）班
第二轮 2021 年 11 月 1 日— 2021 年 12 月 4 日	完善模式。在第一轮行动研究的基础上，调整教学策略的实施，完善模式的应用。	① 平行四边形和梯形 ② 条形统计图	

（1）前期准备

对四（1）班与四（2）班学生进行有效学习评价前测，检验学生的有效学习整体情况。结合调查结果，与学科教师探讨有效学习的可视化课堂模式应用方法。

（2）第一轮行动研究

初步应用有效学习的可视化课堂模式，结合第二单元"公顷和平方千米"、第三单元"角的度量"开展教学实践，通过观察学生的课堂表现，记录学生的过程性数据，以期分析数据可视化促进小学生有效学习的教学流程的合理性。

（3）第二轮行动研究

反思第一轮行动研究并进行总结，提出改进策略，结合第五单元"平行四边形和梯形"、第七单元"条形统计图"开展教学实践，观察教学实施过程，记录学生有效学习行为情况，完善策略应用。

（4）形成结论

结合两轮行动研究的实践，对策略应用进行升级与完善，最终形成优化后的有效学习的可视化课堂应用模式。

（二）评价工具设计

如何评估学生的有效学习，张诗雅[①]、鲍银霞[②]所构建的有效学习量表中提到有效学习主要的评价维度为制定目标、选择资源、掌握方式、管理过程与自我评价。本研究针对课堂有效学习的发生机制，基于有效学习的定义，结合数学学科特点，对标小学生阶段发展特征，在专家和富有经验的基础教育教师意见的指导下，建立了小学生有效学习评价指标，如图5-17所示。小学生有效学

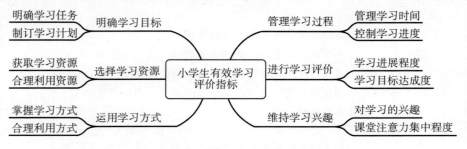

图 5-17　小学生有效学习评价指标

①　张诗雅. 课堂有效学习的指导策略研究［D］. 上海师范大学，2015.
②　鲍银霞. 新课程理念下有效学习评价指标的构建［J］. 教育导刊，2008(01).

习评价指标主要从六大维度展开，包括：明确学习目标、选择学习资源、运用学习方式、管理学习过程、进行学习评价、维持学习兴趣。

根据所构建的小学生有效学习评价指标，制定了小学生有效学习评价量表，具体见表 5-14。

表 5-14　小学生有效学习评价量表

A. 明确学习目标
A1. 在学习前，我清楚自己要学什么内容
A2. 在学习前，我清楚自己要完成哪些学习任务
A3. 在学习前，我会先制订个人学习计划
B. 选择学习资源
B1. 我清楚自己需要什么样的学习资源
B2. 我能够对不同的学习资源进行分类整理
B3. 我能够选择合适的学习资源去完成学习任务
C. 运用学习方式
C1. 我知道用什么学习方式能够更好地完成学习任务
C2. 我能够独立完成课前的预习任务
C3. 老师在课堂中提出我自己解决不了的问题时，能够与同伴讨论解决
C4. 小组讨论时，我能够积极发表意见和提出想法
D. 管理学习过程
D1. 我知道完成一个特定的学习任务需要多长时间
D2. 我能分配好我的学习时间
D3. 我能够根据自己的情况调整学习进度
D4. 在整个学习过程中，我一直清楚最终的学习目标是什么
E. 进行学习评价
E1. 学习结束后，我能够对学习资源的利用情况进行评估
E2. 学习结束后，我能够对学习方式的掌握情况进行评估
E3. 学习结束后，我能够对自己的学习进度进行评估
E4. 学习结束后，我能够判断自己是否达到了学习目标
F. 维持学习兴趣
F1. 上课时我能够一直集中注意力在教师、黑板或书本上
F2. 学习时我常常忍不住将橡皮、文具拿出来玩一玩
F3. 我觉得学习是有意思的
F4. 我觉得学习只是为了提高成绩

本研究以 L 小学为试测学校，随机抽取四年级两个班作为有效学习评价问卷的试测对象。本次共发放 80 份问卷，回收 80 份问卷，其中有效问卷为 74 份，问卷回收有效率为 92.5%。结合本研究内容，采用李克特量表进行适当调整而制成，共 24 个问题，每个问题从"完全不符合"到"完全符合"采用 1、2、3、4、5 的方式计分，反向题刚好相反，最终以总得分的形式来判断学生的有效学习情况。本研究对 74 份有效问卷进行编码，使用数据处理软件 SPSS 22.0 对所收集数据进行分析。

1. 信度分析

信度反映的是测量结果的一致性或稳定性的指标，测量的信度越高表示测量的结果越可信，简单来说，信度就是测量结果的可信程度。量表信度系数 α 在 0.9 以上，说明量表的信度极佳；量表信度系数 α 在 0.6 以下，说明量表的信度差，需要重新修订量表。通过筛除不具有鉴别度的 F4 题项，对问卷进行信度分析，具体见表 5-15，结果显示问卷总体信度 Cronbach's ＝0.921＞0.9，说明该评价量表内部一致性较好，测量结果是可信的。

表 5-15　小学生有效学习评价问卷信度分析

可靠性统计量		
Cronbach's Alpha	基于标准化项的 Cronbach's Alpha	项目个数
0.921	0.927	23

2. 效度分析

效度分析指尺度量表达到测量标准程度的分析，简单来说，效度就是测量结果的可靠度。在构建效度中，最常用的统计方法为因素分析，本问卷的 KMO 和 Bartlett 球面检验结果见表 5-16，可知 KMO 值为 0.857，大于 0.6，且显著值为 0，小于 0.05，说明该问卷具有良好的效度。

表 5-16　小学生有效学习评价问卷效度分析

KMO 和 Bartlett 球面检验		
KMO 取样适切性量数		0.857
Bartlett 球形检验	近似卡方	1331.384
	自由度	300
	显著性	0

3. 量表编制小结

本研究通过对所编制的小学生有效学习评价量表进行项目分析，删除不具有鉴别度的题项，再采用信效度分析检验量表的可信度与可靠度。通过分析可得出，小学生有效学习评价问卷的具有较高的鉴别度与内在信度，测试结果能够较好地反映出小学生有效学习的真实水平，能够将其作为本研究的正式测量问卷。

(三)有效学习的可视化课堂模式的应用

1. 第一轮行动研究

第一轮行动研究的主要目标为根据本轮确定的教学内容，带入有效学习的一般教学流程开展教学设计，初步应用有效学习的可视化课堂模式，以发现其不足及需要完善之处。第一轮行动研究计划，见表5-17。

表 5-17 第一轮行动研究计划表

	时间安排	2021 年 9—10 月
第一轮 行动研究	研究目标	验证有效学习一般教学流程的合理性，初步应用智慧课堂数据可视化促进有效学习的策略，观察策略应用效果，发现其不足及需要完善之处。
	教学内容	公顷和平方千米，角的度量
	行动过程	计划：让学生熟悉有效学习的概念，初步应用智慧教育平台中的数据可视化技术，并带入有效学习的一般教学流程，观察学生课堂表现。
		行动：根据与任课老师确定的教学设计开展教学实践。
		观察： ①观察学生的课堂表现； ②把握学生的课堂学习数据； ③了解学生有效学习的情况。

续表

第一轮行动研究	行动过程	反思： ①一般教学流程对有效学习来说是否合理； ②智慧课堂数据可视化促进小学生有效学习策略是否存在问题。

（1）计划

第一次行动研究在教学开始的第二周至第五周，本轮行动研究中包含两个单元（"公顷和平方千米""角的度量"）六个课时，通过教学策略的实施与教师的引导，主要目的是让学生熟悉有效学习的概念与一般教学流程，明白数据可视化与自身学习情况之间的关联。"公顷和平方千米"单元主要是使学生了解测量土地时常用的面积单位，知道并理解公顷、平方千米与平方米之间的进率，会进行二者之间的单位换算，在此单元中，主要培养的是学生数学抽象能力，通过抽象、概括的知识去认识、理解实际中的数学本质。"角的度量"单元主要是使学生认识线、角相关概念，并能够利用三角尺画角、量角器量角，在此单元中主要培养的是学生的直观想象能力，通过几何直观感知物体的变化，在实际操作技能的学习中，体会程序性知识学习的过程和意义。本轮研究的数据可视化工具主要是智慧教学平台"天闻数媒"，其包含的随堂检测、实时反馈、数据采集功能，能够帮助教师将课堂数据进行可视化表征，便于师生调整教与学，激发有效学习行为的产生。

（2）行动

以"公顷和平方千米"第二课时为例，教学过程按照"复习引入，学习准备""研究探索，新知学习""感受大小，内化知识""解决问题，知识巩固""分层练习，个性指导""评价可视，目标达成"六个环节开展，基于智慧学习平台"天闻数媒"，生成多维数据分析报告，帮助师生观察数据可视化的结果。具体教学流程设计如图 5-18 所示。

（3）观察

本轮行动研究实施比较顺利，教师能够积极引导学生开展有效学习活动。针对课堂数据可视化结果，教师能够对学生开展有针对性的指导，及时调整教学手段，第一轮行动研究课堂观察场景如图 5-19 所示。

图 5-18 "公顷和平方千米"教学流程

图 5-19 第一轮行动研究课堂观察场景

但通过本轮教学实施的观察，本研究发现以下问题：部分学生仍依赖教师指导，缺乏在需要自学时独立完成学习任务的意识；智慧学习平台展现的数据可视化结果无法对标到学生个人，本节课的基础题与进阶题的正确率为 100%，综合应用题的最后一题的正确率为 75.56%，全班有 11 人做错。学生仍要依靠教师分析数据可视化结果蕴藏的学习评价内涵，此过程较为烦琐，不利于教师对教学过程的高效调控。

（4）反思

为了深入分析本轮行动研究中出现的问题与改进方法，本研究对实验对象中个别学生与任课老师进行了访谈：

学生 A：感觉和普通的网络课（混合学习课程）没有什么区别，但是老师把练习结果给我们看，如果我做错题了，就想继续好好学，争取下一次不做错。

学生 B：我提出的问题被老师注意到了，经过老师的指导，觉得获得了进步。我最喜欢在 Pad 上做题的环节，有一种闯关的感觉，很想把三道题都做对。

任课教师：虽然课前设计了很多数据可视化的教学策略，但是具体在教学实践中很难做到，就只有在分层练习的环节，对标了教学设计中对学生个性指导的要求。这节课中关于有效学习的几个维度表现，学生在明确学习目标和选择学习资源方面表现得较好，因为在上节课有刻意引导学生去做这些准备，但学生的积极性没有很大的变化，没有很好地引导学生运用合理的学习方式，评价方法也感觉有些单一，只能说勉强地达到了最初的学习目标。

在本轮教学实践过程中，教师虽在教学过程应用了策略，但在使用策略时并没有对标有效学习目标，无法达到促进有效学习的教学效果。有效学习的最终目的是改善学生学习态度、帮助学生获得知识技能、培养学生的学习能力。同时在本轮教学实施中，教学策略的使用较为泛化，教师应该注意有效学习促进策略的精准实施，提前做好教学策略的实施设计，恰当利用数据可视化推动教学进程。除此之外，可以在智慧学习平台的基础上辅以数据可视化工具，助力数据可视化结果的精准推送。

2. 第二轮行动研究

第二轮行动研究的主要目标为在第一轮行动研究的反思经验基础上，完善有效学习的可视化课堂模式应用，并生成策略应用模式。第二轮行动研究计划，见表 5-18。

表 5-18　第二轮行动研究计划

	时间安排	2021 年 11—12 月
第二轮 行动研究	研究目标	完善有效学习的可视化课堂模式应用，并生成策略应用模式。
	教学内容	平行四边形和梯形、条形统计图
	行动过程	计划：针对上一轮行动研究过程中发现的不足，改进完善策略应用的方式方法，助力小学生有效学习行为的发生。
		行动：根据与任课老师确定的教学设计开展教学实践。
		观察： ①观察学生的课堂表现； ②促进学生有效学习行为的发生； ③验证策略的有效性。
		反思： ①改进后的策略应用是否科学合理； ②整体教学结构还是否存在问题。

（1）计划

第二次行动研究在教学开始的第二周至第五周，本轮行动研究中包含两个单元（平行四边形和梯形，条形统计图）六个课时，在第一轮行动研究实施经验的基础上，应用完善后的教学策略，促进学生有效学习行为的发生，并在此轮行动研究中检测学生有效学习的促进情况。"平行四边形和梯形"单元主要让学生通过观察和实操等活动，理解平行与垂直的位置概念，并在自主探究的过程中，掌握平行四边形和梯形的特征，此单元主要培养的是学生的直观想象能力，通过几何直观感知物体的变化，锻炼学生的实际动手能力。"条形统计图"单元主要使学生经历简单的数据收集、整理、描述和分析的过程，体会统计在现实生活中的作用，理解数学与生活的密切联系，初步体会数据中心蕴藏的信息，在此单元中主要培养学生的数据分析能力，学生运用统计方法对数据的有用信息进行分析和推断，形成知识。

根据上一轮的行动经验，教学平台无法很好地支撑数据可视化的教学理念，所以增加"ClassDojo"与"镝数聚"数据可视化工具支撑课堂教学。除此之外，在教师应用策略的过程中，教学平台不够具有针对性，没办法很好地激发学生的有效学习行为。

（2）行动

以"条形统计图"第一课时为例，教学过程按照"创设情境，唤醒旧知""合作探究，内化新知""联系生活，迁移应用""分层作业，个性提升""总结反思，情感升华"五个环节开展，在智慧学习平台"天闻数媒"的基础上，增加课堂管理可视化 App"ClassDojo"和数据综合服务平台"镝数聚"。具体教学流程设计如图 5-20 所示。

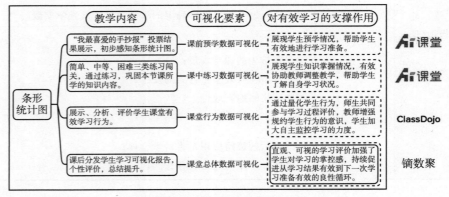

图 5-20　"条形统计图"教学流程

（3）观察

本轮行动研究主要是利用数据可视化工具支持过程动态监控与效果多元评价策略的实施，经过观察本轮行动的效果要优于第一轮的行动效果，教师利用课堂管理可视化 App"ClassDojo"，监控学生学习行为、进行分组管理，通过及时统计与反馈行为数据结果，如图 5-21 为一个班级的课堂行为数据可视化界面，绿色的分值代表具有积极行为的正向加分，红色分值代表具有待改善行为的负面减分。学生从收到的反馈中了解自己的学习行为是否正向有效，从而更加积极参与课堂学习，从而提升学习效率与兴趣。

"ClassDojo"能够将学生的行为分为积极行为与待改善行为，根据行为的积极性或严重程度为行为赋分并反馈给学生，通过量化学生行为，师生共同参与学习过程评价，教师增强规约学生行为的意识，学生加大自主监控学习的力度，从而使学生不断表现出积极行为，避免消极行为的出现，以促进有效学习的发生。如图 5-22 所示，积极向上的行为包括参与讨论（1 分）、按时完成作业（2分）、主动思考（3 分）等。

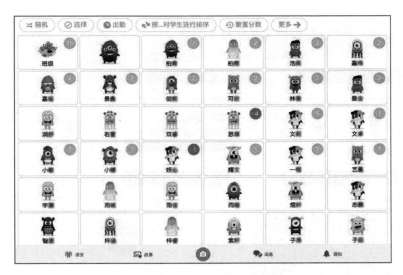

图 5-21 学习过程动态监控与反馈

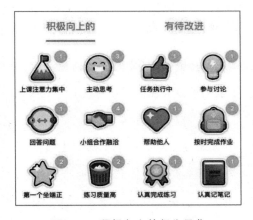

图 5-22 积极向上的行为量化

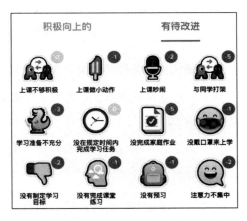

图 5-23 有待改进的行为量化

如图 5-23 所示，有待改进的行为包括没有预习（－1 分）、上课吵闹（－2 分）、没完成家庭作业（－5 分）等。

"镝数聚"数据综合服务平台将本节课所积累的课堂数据通过可视化表征，助力学生精准定位自己的课堂数据可视化结果，如图 5-24 所示。这种直观、可视的学习评价加强了学生对学习的掌控感。通过对上一轮学习的反思总结，持续促进从学习结果有效到下一次学习准备有效的良性循环。

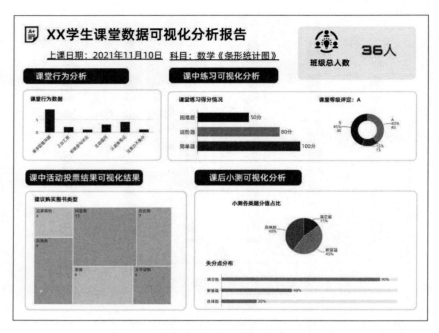

图 5-24   某同学的课堂数据可视化分析报告

相比上一轮行动研究,学生通过"ClassDojo"与"镝数聚"实时、精确地观察到自己的课堂行为数据,在一定程度上激发了学生想要表现得更好的意图。

(4)反思

为了解本轮行动研究的改进是否有效,本研究对实验对象中个别学生与任课教师再次进行了访谈:

学生 A:我很喜欢 ClassDojo 这个软件!里面有我的动漫形象,每次因为我做得好,老师给我加分,我都会觉得很有动力!

学生 B:我觉得数学学习变得更有意思了,在数学课上用数学的方法(数据可视化手段)展现我自己的学习情况,更了解我自己的学习了,之前还需要去问老师预习需要什么材料、要用什么方法,现在自己也会主动去找。

任课教师:这一轮的教学更得心应手一些,因为把每一个策略都对应到教学环节中,就算出现一些"特殊情况"也能从容应对。除了这个之外,这轮教学更加注重对学生学习能力的培养,我主要的工作就是引导,明显能看出来学生对数学学习的积极性提高了,课堂氛围很好,最后给他们发送可视化评价报告的时候，还有同学专门过来找我帮他分析怎么样才能学得更好。但是在一节课中用这么多种工具，我一个老师有些应付不过来，下一次会稍微精简一下数据可视化的工具使用。

(四)有效学习的可视化课堂模式的完善

通过策略的精准实施与数据可视化工具的辅助，学生有效提升了对学习数据可视化的理解，加强了对自己学习过程的把控，能够合理规划自己的学习活动，高效完成学习任务，从而达成有效学习目标，促进有效学习的良性循环。基于两轮行动研究的实施效果分析，本研究对标有效学习目标，加强策略的精准实施，进一步完善了数据可视化促进小学生有效学习的策略应用有效学习的可视化课堂模式，该应用模式具有以有效学习目标为导向、以有效学习流程为基础、以数据可视化工具为辅助、以数据可视化表征为支撑的特点，所以本轮研究改进了有效学习的可视化课堂模式 V2，如图 5-25 所示。

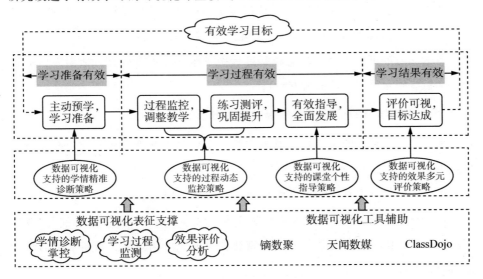

图 5-25　有效学习的可视化课堂模式 V2

1. 以有效学习目标为导向

教师在实施教学策略的过程中，应基于有效学习的内容，提出关于改善学习者学习态度、提升学习者知识技能、培养学习者学习能力的具体目标。一切的教学活动设计与实施都是以有效学习目标为导向的。

2. 以有效学习流程为基础

教师在实施教学策略的过程中，要在有效学习流程的基础上精准实施，依据有效学习每一个环节的需求，优化策略应用组合。依托智慧课堂的即时反馈功能，及时调整策略应用方式，有效推动学习进程。

3. 以数据可视化工具为辅助

实现智慧课堂环境下的有效学习，要充分利用数据的"决策"内核，以数据可视化工具为辅助，将其作为促进学生自主学习的认知工具与学习情感的激励工具，利用数据可视化工具所提供的多重交互、评价可视等功能，充分调动学生学习主动性与积极性，促进有效学习的发生。

4. 以数据可视化表征为支撑

数据可视化帮助师生从数据的动态变化性中挖掘数据的教育价值，突破传统课堂教学中的多种局限，以实时反馈、全局展示、动态生成的形式融入有效学习各个环节。数据可视化不仅是数据展示的途径，而且是课堂智慧交互、动态调整的媒介。策略的应用实施要依靠数据可视化表征支撑。

有效学习的可视化课堂注重教学过程中学生学习的有效性，适用于任何使用智慧教育平台辅助上课的所有科目。

(五)有效学习的可视化课堂模式效果分析

为检验有效学习的可视化课堂模式的应用效果，本研究从两个角度进行分析，主要包括：

第一，检验学生有效学习发生情况。本研究采用实验组、对照组前测后测设计，在教育干预前后，向实验组、对照组均发放"有效学习评价问卷"。教学实践结束后，比较分析有效学习的可视化课堂模式应用效果，判断学生的学习能力是否提高。

第二，检验学生的学习效果。本研究通过分析学生在智慧课堂中对基本学习内容的掌握情况，通过单元小测的形式，在两轮行动研究实施前后，对实验组、对照组学生的学习成绩进行分析，判断有效学习的可视化课堂模式是否能够在一定程度上提升学生的成绩。

1. 有效促进小学生学习过程

该研究在第一轮行动研究之前，依据所构建的"有效学习量表"对研究对象进行前测，在两轮行动研究后再对研究对象进行后测。利用 SPSS22.0 软件，采用独立样本 t 检验对四(1)班与四(2)班的有效学习评价的前、后测数据进行统计分析。

(1)实验班对照班有效学习评价前测独立样本 t 检验

本研究在实施教学之前，分别在四(1)班与四(2)班发放所编制的有效学习评价问卷，总计回收问卷 80 份，剔除 9 份填答不规范，无法判断所选情况的无效样本，共得到有效样本 71 份，四(1)班 36 份、四(2)班 35 份。用 SPSS22.0 数据分析软件对两个班级的前测总分进行配对样本 t 检验，判断学生在教学实施前有效学习行为的差异性。具体检验结果见表 5-19、表 5-20。

表 5-19　实验班、对照班有效学习评价前测群组统计资料

项目	班级	N	平均数	标准偏差	标准误差平均数
有效学习	1	36	80.7500	11.29949	1.88325
评价总分	2	35	82.3143	15.99590	2.70380

表 5-20　实验班、对照班有效学习评价前测独立样本 t 检验

项目		方差方程的 Levene 检验		均值方程的 t 检验						
		F	$Sig.$	T	df	$Sig.$（双尾）	均值差值	标准误差值	95%差异数的置信区间 下限	95%差异数的置信区间 上限
有效学习评价总分	假设方差相等	4.137	0.046	−0.477	69	0.635	−1.56429	3.27932	−8.10635	4.97778
	假设方差不相等			−0.475	61.037	0.637	−1.56429	3.29502	−8.15301	5.02444

由检验结果可知，实验班的有效学习评价前测成绩平均值为 80.75，对照班的有效学习评价前测成绩平均值为 82.3143，对照班的有效学习情况较好于实验班。根据独立样本 t 检验结果，方差方程的 Levene 检验的 $Sig=0.046>0.05$，需要看假设方差不相等的 Sig（双尾）值，即 $p=0.637>0.05$，说明两个班不存在显著差异性。在智慧课堂数据可视化教学策略实施之前，实验班和对照班的有效学习情况不存在显著性差异，基本处于同样的水平。

(2)实验班、对照班有效学习评价后测独立样本 t 检验本研究通过两轮行动研究的迭代，应用有效学习的可视化课堂模式，分别在四(1)班与四(2)班针对已经做过前测的同学发放所编制的有效学习评价问卷，总计回收问卷71份，四(1)班36份、四(2)班35份。用SPSS22.0数据分析软件对两个班级的后测总分进行配对样本 t 检验，判断学生在教学实施后有效学习行为的差异性。具体检验结果见表5-21、表5-22。

表 5-21　实验班、对照班有效学习评价后测群组统计资料

项目	班级	N	平均数	标准偏差	标准误差平均数
有效学习	1	36	94.6944	9.27306	1.54551
评价总分	2	35	83.5143	11.72321	1.98158

表 5-22　实验班对照班有效学习评价后测独立样本 t 检验

项目		方差方程的 Levene 检验		均值方程的 t 检验					95%差异数的置信区间	
		F	Sig.	T	df	Sig.（双尾）	均值差值	标准误差值	下限	上限
有效学习评价总分	假设方差相等	0.607	0.439	5.661	69	0.000	14.1801	2.50477	9.1832	19.177
	假设方差不相等			5.643	64.692	0.000	14.1801	2.51302	9.1608	19.199

由检验结果可知，实验班的有效学习评价后测成绩平均值为94.6944，对照班的有效学习评价前测成绩平均值为83.5143，实验班的有效学习情况明显好于对照班。根据独立样本 t 检验结果，方差方程的 Levene 检验的 $Sig=0.439>0.05$，故方差齐。不同组间独立样本 t 检验统计量为5.661，$p=0.00<0.01$，因此认为实验班与对照班的有效学习情况有显著差异。

2. 有效提升小学生学习绩效

(1)实验班、对照班小测成绩前测独立样本 t 检验结果

在行动研究前，为检测实验班与对照班的真实学习水平，对已学第一单元

"大数的认识"进行单元小测，具体单元小测前测描述统计结果见表 5-23，独立样本 t 检验结果见表 5-24。

表 5-23　实验班、对照班单元小测前测描述统计结果

项目	班级	N	平均数	标准偏差	标准误差平均数
单元小测前测	1	36	77.94	10.436	1.739
	2	35	76.83	9.326	1.576

表 5-24　实验班、对照班单元小测前测独立样本 t 检验

项目		方差方程的 Levene 检验		均值方程的 t 检验					95％差异数的置信区间	
		F	$Sig.$	T	df	$Sig.$（双尾）	均值差值	标准误差值	下限	上限
单元小测前测	假设方差相等	0.991	0.323	0.475	69	0.637	1.116	2.351	−3.575	5.806
	假设方差不相等			0.475	68.521	0.636	1.116	2.347	−3.568	5.799

由检验结果可知，实验班的单元小测前测成绩平均值为 77.94，对照班的单元小测前测成绩平均值为 76.83，实验班的有效学习情况略微好于对照班。根据独立样本 t 检验结果，方差方程的 Levene 检验的 $Sig=0.323>0.05$，即两样本的方差不具有显著差异，再看调整后 t 检验结果的 $p=0.637>0.05$，说明两个班不存在显著差异性。在智慧课堂数据可视化教学策略实施之前，实验班和对照班的学习成绩不存在显著性差异，基本处于同样的水平。

（2）实验班、对照班小测成绩后测独立样本 t 检验结果

在两轮行动研究迭代前后，为检测实验班与对照班的真实学习水平，验证策略对有效学习结果的促进作用，对第六单元"条形统计图"进行单元小测，具体单元小测后测描述统计结果见表 5-25，独立样本 t 检验结果见表 5-26。

表 5-25　实验班、对照班单元小测后测描述统计结果

项目	班级	N	平均数	标准偏差	标准误差平均数
单元小测前测	1	36	82.86	9.015	1.502
	2	35	78.09	8.860	1.498

表 5-26　实验班、对照班单元小测后测独立样本 t 检验

项目		方差方程的 Levene 检验		均值方程的 t 检验					95%差异数的置信区间	
		F	Sig.	T	df	Sig. （双尾）	均值差值	标准误差值	下限	上限
单元小测前测	假设方差相等	0.030	0.862	2.251	69	0.028	4.775	2.122	0.542	9.008
	假设方差不相等			2.251	68.991	0.028	4.775	2.121	0.543	9.007

由检验结果可知，实验班的单元小测后测成绩平均值为 82.86，对照班的单元小测后测成绩平均值为 78.09，实验班的有效学习情况较好于对照班，但实验班的成绩进步情况都明显高于对照班。根据独立样本 t 检验结果，方差方程的 Levene 检验的 $Sig=0.862>0.05$，即两样本的方差不具有显著差异，再看调整后 t 检验结果的 $p=0.028<0.05$，即实验班、对照班的小测成绩具有显著性差异。

由于实验组和对照组的实验时长都相等，可知，实验组在同等学习时间下，通过促进有效学习策略的实施应用，成绩进步明显，获得的学习回报率（小测成绩）高于对照组，通过实践应用有效学习的可视化课堂模式，能够在一定程度上帮助学生提升学习效率。

通过总结两轮教学实践后对实验班四(1)班与对照班四(2)班的有效学习过程评价、有效学习结果评价的综合数据分析后，可以看出，智慧课堂数据可视化促进小学生有效学习策略的实施与应用，虽无法提升学生有效学习每一个维度的能力，但总体来说还是能够较好地促进学生有效学习行为的发生、提升学

生的学习效率。

六、 研究结论

本研究针对基础教育普遍存在信息技术融合不充分、课堂效率不够高效等问题，在社会建构主义学习理论、元认知理论与有意义学习理论的指导下，对在智慧课堂环境下开展的数据可视化促进小学生有效学习教学实践进行分析，得出以下结论。

（一）建立了智慧课堂数据可视化支持小学生有效学习的理论框架

本研究建立了智慧课堂数据可视化支持小学生有效学习的理论框架，从智慧课堂数据可视化的类型与表征、有效学习的机制与分析等方面进行理论探索，明晰了智慧课堂数据可视化支持的有效学习一般流程："创设情境，唤醒旧知—合作探究，内化新知—联系生活，迁移应用—分层作业，个性提升—总结反思，情感升华"。

（二）构建了有效学习的可视化课堂模式

本研究通过分析的数据可视化对小学生有效学习的支持作用和所提出的智慧课堂数据可视化支持的有效学习一般流程，对目前智慧课堂教学数据可视化的应用特点，构建了有效学习的可视化课堂模式，其特点包括：以有效学习目标为导向、以有效学习流程为基础、以数据可视化工具为辅助、以数据可视化表征为支撑。

（三）检测了有效学习的可视化课堂模式应用效果

本研究从促进学生有效学习过程与促进学生有效学习结果两方面检验了模式的应用效果，验证了有效学习的可视化课堂模式构建与应用对学生的学习有着积极的影响。本研究通过构建"有效学习评价"量表，从明确学习目标、选择学习资源、运用学习方式、管理学习过程、进行学习评价、维持学习兴趣六个维度，观察学生有效学习的发生情况。除此之外，本研究还通过实验班与对照班的单元小测得分情况来检测学生有效学习的结果如何。检验结果表明，实验班在进行智慧课堂数据可视化模式应用的教学实践后，有效学习情况获得了明显的改善，该模式能够对学生的有效学习产生积极的影响。